飲食店・ネットショップのための

“おいしさ”を伝える ことば塾

ことのは塾　ごはん部
山佳 若菜 著
Wakana Yamayoshi

同文舘出版

はじめに◎おいしい見せ方で売上が変わる

「おいしいのに、なぜ売れないんだろう？」

そのケーキ屋の店長さんは、本当に不思議に思っていました。

全国各地から取り寄せた厳選素材を使い、おいしさだけでなく、体によい、安全なものだけを使う配慮をしました。何度も試作品を作り、何度も試行錯誤を繰り返しました。

しかし、売れません……。

「おいしいものならきっと売れるようになる」、そう信じてケーキを作り続けてきましたが、そろそろ限界です。

しかし、〝あること〟を変えた日から、このケーキ屋の売上は大きく伸びていくことになりました。その〝あること〟とは――。

広告や店の改装にお金をたくさんかけたわけでも、スタッフの顔ぶれやケーキそのものが劇的に変わったわけでもありません。

変えたのは、ただ一つ。「チラシの文章」。

チラシにただ「ケーキ屋です。来てください」と書いても、お客様はきてくれません。

そこでチラシに、〝他店との違い〟＝このお店ならではの特長を書くようにしたのです。

〝定番のないケーキ店〟――旬の果物、旬の野菜を使ったケーキばかりです。〝いつもの定番〟がこの店にはありません。今、この季節に一番おいしいケーキは何だと思いますか？

こんなふうに書かれていたら、そのケーキ店に行って確かめてみたくなりますよね？

旬の果物、野菜のケーキはいかが？
渋皮モンブラン
マロンクリームがたっぷり！
カリフラワーとチーズのムース
ちょっとめずらしいカリフラワーのケーキおためしあれ！

どんな味？
ふむふむ…
W.y
まずは　ちゃんと味わって
商品のことをよく知ろう。!

チラシに書く内容を変えても、製作コストが上がるわけではありません。つまりこの店はコストを上げることなく、売上だけを増やすことに成功したのです。

そのように「商品が売れる文章」というものは存在します。そして、意外とカンタンに書くことができるのです。

ただ一つの条件は「ちゃんと味わうこと」。それだけです。

あなたの料理や商品を魅力的に見せる〝書き方〟が、この本にたくさん載っています。難しいことは一つもありません！　店長さん、スタッフさん、アルバイトさん……皆さんで一緒に使いこなせるものになっています。

さぁ、あなたのお店、あなたの料理はどんな言葉で魅力的になるでしょうか？

飲食店・ネットショップのための〝おいしさ〟を伝えることば塾　もくじ

3章 〝五感〟を使ってアピールしよう！

4章 〝こだわり〟を上手に伝えよう！

5章 ターゲットはこうして決めよう！

カバーデザイン　齋藤　稔
カバーイラスト　山佳若菜
DTP　内堀明美

1章

まずはココから、キホンの“キ”

① 何を伝える？　アピールポイントを明確に！
② 誰に伝える？　ターゲットを明確に！
③ “お客様視点”の言葉に変換しよう
④「こんな時にいかがですか？」──食べる“シーン”を描く

お店や商品をアピールするとき、まずしっかり決めておきたいコト──それは「何を」と「誰に」。

コレを決めずに走り出してしまうと、せっかくのアピールが台なしになってしまうことも……。

「うちのお店のアピールポイントって何だろう？」、「ターゲットは誰にしたらいい？」

と悩んだ時には、お客様が買い物の時に必ずしている“あの行動”に注目！

何を伝える？　アピールポイントを明確に！

◎お客様が買い物の時に必ずやっている〝ある行動〟とは？

お客様がお店を選ぶ時、または何かを買おうとしている時、必ずやっている〝行動〟が一つあります。お客様が男性であっても女性であっても、若い方であってもお年を召された方でも、日本人だって外国人だって誰もが皆、買い物の時には必ずやっている〝行動〟です。

それは〝比較〟をするというコト。

たとえば、あなたがどこかのお店にランチを食べに行くとします。その場合、あなたは「こっちのお店にしようかな、それともあっちのお店にしようかなぁ」といくつかの候補店を比較検討して、ランチを食べに行くお店を決めているのではないでしょうか？

あなたがケーキを買おうとする時もきっと〝比較〟をしています。お店に入って最初に目にとびこんできたケーキだけを見て、「コレください！」と買って帰るということはあまりないですよね。ショーケースに並んだいくつものケーキを見ながら、「どれにしようかなぁ」と悩みながら、ケーキを選ぶのではないでしょうか。

何かを買う時は、比較検討をして悩む……。一般のお客様もあなたと同じような行動を取っています。だから、私たちが自分のお店や商品をうまくアピールしたいと思ったら、「他のお店や他の商品と比較して勝てるところ」をまず探さなくてはならないのです！

「ウチのお店の〝ウリ〟ってなんだろう？　素材？　おいしさ？　値段？」

あるパン屋さんも、自分のお店のアピールポイントを探していましたが、どうしてもその〝答え〟が見つかりません。理由はハッキリしていました。店長さんは忙しさのあまり、「他のお店」を全然知らなかったのです。

あなたのお店のアピールポイントは何ですか？

◎周りを見るから、〝違い〟に気づく！　アピールポイントが見つかる！

ただ他のお店で買い物をするだけ、食事をするだけでは、自分のお店との〝違い〟が見えてこないかもしれません。そこで、このパン屋さんは「どこを見てくるか」をちゃんと決めて出かけることにしました。

ファサード（外観）、価格、品揃え、接客態度や客層……。一つひとつのポイントを見て、自分のお店と違うところを探していきました。すると、自分のお店とライバル店との〝違い〟が見えてきたのです。

「外観はウチとさほど変わりないな。価格帯もほぼ同じ。店員さんがちょっと若いかな。でもそれほどの差はないだろう。ウチと比べて若いお客さんが多いかな」

「外観や価格帯、接客レベルはほぼ一緒。だけどこのお店はサンドウィッチが多いな。そうか、オフィスのランチ需要を狙っているんだな。こりゃサンドウィッチでは勝てないぞ」

「このお店、外観はちょっと古臭いけど、どんどん人が入ってくる。これは常連客が多い証拠。みんな、どうもあのカレーパンを目当てに来ているようだな。でも常連客が多いのはウチも同じだ」

他のお店を見ていくうちに、店長さんはあることに気がつきました。自分のお店と比

他店
にくらべて
うちのお店
は
ロールパン
食パン
フランスパン
ベーグル
チーズパン多っ!!
チーズボール
チーズフランス
チーズロール
クリームチーズタルト
他店を見ることで、自分のお店の特長がわかる！

べて、「チーズの入ったパン」が他店には少ないのです。いえ、正確には自分のお店には「チーズの入ったパン」がとても多いということに気がついたのです。

それもそのはず、この店長さんは大のチーズ好き。さまざまなチーズパンを開発しては、店頭に並べていました。チーズパンを作ることは店長さんにとっては、ごく当たり前の〝普通のコト〟でした。しかし、他店を観察することでハッキリわかったのです。

「チーズパンこそが、ウチの店のアピールポイントなんだ！」

チラシや看板でアピールすることで、このお店は「チーズパンの店」として有名になったそうです。

◎「お客様の声」から〝違い〟を知る

あるカレーハウスでは、他店を見に行くのではなく、「お客様の声」から自分のお店のアピールポイントを知りました。

このカレーハウス、常連さんに支えられて売上は安定していました。

店長さんいわく、「辛さの調節ができること」「トッピングが選べること」「テイクアウトができること」がこのお店のウリ（＝アピールポイント）でした。

常連さんが来てくれていますので、それがこのお店の正しいアピールポイントだと店長さんは思っていました。チラシや電話帳にもその点を載せています。

――が、実際のアピールポイントはそこではありませんでした。

辛さを調節できて、トッピングを選べて、テイクアウトできるカレー屋さんは、それほど珍しくありません。いつも来てくれているお客様はそこを評価していたのではなかったのです。

常連さんが来てくれていたのは、この店のカレーが「ビールにとっても合うから」でした。

ある時、常連さんがお友達を連れてカレーを買いに来てくれたのです。そこで彼は友達にこう言いました。

「ココのカレー、ビールに合うんだよ。他の店みたいにただ辛いんじゃなくて、コクがあってさ。ビール飲みたい時はココのカレー買っていくんだ」

ビールに合うから、この店のカレーを買っていく——店長さんが思いもしなかった理由でこの店のカレーは売れていたのです。

お客様には店を選ぶ権利があります。もちろん他のお店にも行っているでしょう。そのうえであなたのお店を選んで来てくれるということは、「あなたのお店が他より優れている点」を必ず知っているというわけです。

あなたのお店のアピールポイント、たとえば常連さんに聞いてみるというのはいかがでしょうか？

2 誰に伝える？　ターゲットを明確に！

◎「みんな来て！」では、誰も来ない!?

とある駅前にお惣菜屋さんがオープンしました。

きんぴらごぼう、ムール貝の酒蒸し、さわらの西京焼き、チンジャオロース……と、さまざまなお惣菜が揃うこのお店。これだけの品揃えなら、老若男女、すべての人に利用してもらえる――店長はそう考えていました。

まずはお店の存在を知ってもらうため、駅前でチラシ配りをすることに。お店にある惣菜、約30種類を載せたチラシを作り、道行く人に手渡していきました。

「これだけ配れば、たくさんのお客さんが来ているだろう」

用意したチラシを全て配り、期待してお店に戻ったのですが、予想に反してお客様はあまり来店していません。店内にいるのは、惣菜店を使い慣れているような主婦層ばかり。店長が期待したようにさまざまな客層でお店がいっぱいになるということはありませんでした。この原因はどうもチラシにあったようです。

誰が見てもいいようにと、お店にあるすべての惣菜を網羅したチラシ。それが逆に「誰が見てもさほど面白くないチラシ」になってしまっていたのです。

この惣菜店では、ＯＬさん向け、男子学生向けといったメニューをちゃんと用意していました。しかし、それがチラシではまったくアピールされていなかったのです。

このお惣菜店のように、老若男女さまざまな客層を狙うお店は、「ターゲットは〝すべての人〟」と考えてしまいがちですが、「すべての人に向けたチラシ」は、逆に誰にとってもインパクトの薄いものになるケースが少なくありません。

そこで、この惣菜店ではチラシにひと工夫することにしたのです。

老若男女すべての人に向けたチラシ
「みんな来て！」では、誰も来ない?!

◎チラシにちょっとひと工夫！
――○○さんに向けたチラシ

あらたに作ったチラシは「主婦向けチラシ」、「ＯＬさん向けチラシ」、「男性向けチラシ」とターゲットを絞り込んだものでした。それぞれのチラシの内容は、〝狙ったターゲットが興味を持つようなモノ〟だけに絞り込まれています。

たとえば、ＯＬさん向けのチラシには「カロリーオフメニューが揃っています」、「ストレスに負けないっ！　美肌メニュー」、「〝ちょっとワイン〟に合うメニュー」と、ＯＬさんが興味を持つような内容になっています。

チラシを駅前で配る時も、「ＯＬさん向けチラシ」はＯＬさんらしき人に、「男性向けチラシ」は男性だけにと、それぞれのチラシ

OLさん向け
ストレスに負けないっ!!
美肌メニュー
海草はるさめサラダ
サラリーマン向け
ボリュームたっぷり!
栄養満点メニュー
デミグラスハンバーグ
主婦向け
おかずにもう一品!
野菜のメニュー
かぼちゃ煮
ひじき炒め

に合った人にだけ手渡すようにしました。

そのようにしたところ……今度は入り口の前に並ぶ人が出るほど、人が集まったのです！

しかも並んでいるのは、以前のように主婦層だけでなく、若いＯＬさんや男性の姿もありました。たしかにチラシの効果はあったのです。

売っている商品（＝お惣菜）自体は何も変えていません。ただ、チラシをターゲットを絞り込んだ内容にしただけ。しかし、これがとても効果的だったのです。

家族の健康を守るお母さんと、家に帰ってホッとしたいＯＬさんと、おなかを空かせたサラリーマンとでは、お惣菜を買い求める〝理由〟は違ってきます。また、お惣菜に期待することも違っているでしょう。

それぞれの人が求めるものを、その人にちゃんとアピールする――ただそれだけのことなのですが、「誰に向かってアピールしようか？」ということを考えていないと、意外と難しいもの。

自分のお店、自分の商品の〝何を〟アピールするかを考えるのも大切ですが、〝誰に〟アピールするのかを考えておくと売上アップに効果的なのです！

◎不特定多数が見る広告だって、絞り込みは効果的！

ターゲットを絞り込むと効果的なのは、手渡しのチラシだけではありません。不特定多数が見るであろう電話帳の広告や新聞折込チラシなどでも、ターゲットを絞ることはとっても効果的です。

ある居酒屋では、電話帳に載せる広告の内容を変えて、大幅に売上をアップさせることに成功しました。

これまでは、

「駅から徒歩3分。料理が自慢の店です。地酒、焼酎も多数取り揃えております」

というように、お店の特徴を並べただけの広告文を載せていました。

ターゲットを見据えていないと、どうしてもこのような〝お店の特徴の羅列〟になってしまいがちです。

この居酒屋の主力客は「宴会客」。そこで、ターゲットを「宴会客」に絞り込んだ広告を考えました。それがこちらです。

宴会が得意な居酒屋です——料理が旨い店だから、飲む人も飲めない人も大満足！

あなたがもし宴会の会場を探しているとしたら、「宴会が得意です」という居酒屋はきっと気になるのではないでしょうか？　実際、電話帳に載せる広告をこのような内容に変えたところ、それ以前に比べて明らかに宴会客が増えたそうです。

宴会客も欲しい、カップルも欲しい、おいしい料理を食べたい人も、お酒を飲みたい人も集めたい……そんなふうに欲張ってしまうと、アピールポイントがぼんやりした売り文句になってしまいますが、ターゲットを絞り込むと、アピールもその鋭さを増します。

あなたのお店、品物のよさを正しく伝えるために、まずは「こんな人に来て欲しい」、「こんな人に買ってもらいたい」というイメージをハッキリさせてみてはいかがでしょうか。

宴会が得意な
居酒屋です!!
料理が旨い店
だから、
飲む人も
飲まない人も
大満足!

〝お客様視点〟の言葉に変換しよう 3

◎カタログの内容をそのまま載せてしまうと……

ダイレクトメールやホームページに載せる商品の紹介文を書くとき、頼りにするのは、商品の生産者や卸業者などから渡される「商品カタログ」ではないでしょうか。

商品カタログには、商品の〝魅力〟がたくさん書かれています。その商品を仕入れてもらえるかどうかを左右する大きな要因なので、業者側も一所懸命に紹介文を考えています。

だから、あなたがダイレクトメールやホームページを作るとき、その商品カタログを丸写しすればいいかと言うと……実はそうではありません。

たとえば、カタログにはこのような商品紹介文が載っています。

「北海道の新鮮な黒ガレイの味わいが引き立つよう、クールブイヨンでポッシェしました」

今、この文章を読んで意味がちゃんとわかった方は、おそらくフランス料理の知識を豊富に持っている方でしょう。しかし、必ずしもお客様があなたのようにフランス料理に通じているとは限りません。

メーカーや卸業者の作るカタログの表現は〝プロ向け〟ですから、専門用語も使われますし、そのほうがプロ同士の意思疎通には向いています。でも一般のお客様に「おいしそう」と思ってもらえるかどうかは別の話で、

「野菜のさわやかな香りと味が出ている煮出し汁」、「うまみを閉じ込めるため、煮立たせないようにゆっくりゆでたもの」

と、「クールブイヨン」と「ポッシェ」をわかりやすく言い換えて表現することが大切。

同様のことは、レストランのメニューに書く紹介文にも当てはまります。シェフから見た「料理の特長」は、必ずしもお客様に伝わらないのです。

黒ガレイの味わいがひきたつよう
クールブイヨンでポッシェしました
カタログ丸写し!
w.y
"プロ向け"の専門用語では、お客様に伝わらない…

◎「お客様語」にするために！

難しい専門用語やわかりにくい表現を、わかりやすい「お客様語」に言い換える際には、次のようなポイントに気をつけましょう。

①カタカナ語をひらがな語に

カタカナで表現される外来語はとかく難しくなってしまいがち。専門誌などでは使われているけれど、一般の雑誌やテレビ・ラジオなどでは使われないカタカナ語はひらがな（＝日本語）に直しましょう。

②説明が長くなるのは仕方ない！

商品紹介文の中で専門用語を多く使う人の中には、「商品紹介文はできるだけ短いほうがいい。だから専門用語を使うのは仕方がない」と考えている人が少なくありません。し

具体例をあげて、お客様に想像してもらう

かし、いくら短い文章でも、言っている意味がわからないのでは意味がないですよね。

たしかに専門用語をわかりやすい言葉に言い換えると文章は長くなりますが、「文章が長い＝読まれない」と考えるのではなく、「丁寧に説明をした結果、文章が長くなってしまう。わかりやすい説明のほうがお客様もありがたいだろう」と考えてみてはいかがでしょう。

③具体例・使用例をあげる

「説明文中にお客様を登場させる」――それがわかりやすい説明の秘訣です。

「この商品は、こういうモノです」ではなく、「これはこんな時に使ってください」、「これはこのようにお召し上がりください」と、お客様が実際に食べたり使ったりする場面を描くのです。

そうすると、これまで食べたことや使ったことがない商品でも、「だいたいこんなモノなのかな」と、ある程度の想像がつくようになりますよね。お客様に興味を持ってもらうためにも、具体例をあげるのはオススメです！

◎仕上げの表現のチェックは、一般の方に

プロは専門用語を当たり前のように使っているため、どんな表現がわかりやすくて、どんな表現がわかりにくいのかがわからない、ということもあるでしょう。

そこでオススメしたいのが、「商品紹介文が書けたら、一般の方にチェックしてもらう」という方法。オーソドックスではありますが、これが実に効果的なのです！

とあるソーセージ専門店では、通販サイトに載せる紹介文を、近くに住む親戚や一般のお客様にチェックしてもらっています。一つひとつに〝こだわり〟のあるソーセージを販売しているため、紹介文を書こうとするとついつい専門的な表現を使ってしまいがち。そこで、一般の人たちにわかりにくい表現になっている部分を挙げてもらい、わかりやすい表現に書き直すというわけです。

こうした「一般人チェック」をしてもらうと、専門用語の他にもプロ同士でしか通じない表現が見つかります。たとえば、内容量の表現もその一つ。

このソーセージ店、店頭では量り売りをしていたので、通販サイトの表現も

「ミュンヘナー　ソーセージ　２００グラム」

とグラム表示をしていました。しかし、これだけではどのくらいの量なのかが今ひとつわかりにくいと指摘されたのです。そこでお店では、

ミュンヘナーソーセージ（200グラム）50グラム×4本入り（1〜2人前）

というように、本数や何人前なのかも併記するようにしました。

一般の方はソーセージを買うときにグラム数で考えることはあまりなく、「お客さんが5人来るから、ソーセージは10本必要だな」とか、「念のため、7人前買っておこう」というように考えるでしょう。

お客様にとって買いやすい表現が、もっとも伝わりやすい表現。それはお客様に聞くのが一番なのです！

わかりやすい表現で、あなたの商品をもっともっと魅力的にアピールしてみてはいかがでしょうか？

「こんな時にいかがですか？」──食べる〝シーン〟を描く

◎想像してもらえると、よさをわかってもらいやすい

商品紹介文を書くとき、

「冷凍野菜を100キロカロリーずつの小分けにしました」

「シャラン産の食材です」

というように「コレはこういう商品です」と書くだけで終わらせていませんか？

プロの業者さんなら、その短い説明だけで想像がつくでしょうが、一般のお客様はどうでしょうか？　プロの業者さんほど商品知識を持っていない彼らに向かって「こういう食べ物です」、「こんな食材です」と言っても、どんな商品か想像がつかないでしょう。想像できなければ、「それ、よさそうだな」と思うこともありません。

そこでオススメしたいのが、「食べる〝シーン〟を描く」という方法。

この商品を食べて欲しい、使って欲しいと思ったら、商品情報を並べ立てるのではなく、どんな時にこの商品があるといいのか、その〝場面〟を想像させると、商品のよさが伝わ

冷凍野菜ミックス
小分け100Kcal
冷凍野菜ミックス
100Kcalパック
冷凍の野菜を100kcalずつ小分けにしたパックです
こんな商品です！
いかがですか？
商品の情報を、ただ並べたてるだけでは、お客様にその良さをわかってもらえません……

りやすいのです。

たとえば、先ほどの「100キロカロリーずつの小分けにしました」という食材なら

100キロカロリーずつの小分けになっているのでカロリー計算がラクラク！ダイエット中の主人の食事作りにとっても重宝しています！

どうでしょう？「ダイエット中のご主人の食事を作る」という〝シーン〟を描いたら、使い方がすぐに想像できるようになりましたよね？

単純な商品説明だけでは、どうしても文章に〝活気〟がなくなってしまうもの。そんな時にはぜひ、「食べる〝シーン〟」を描いてみてください！

◎**お客様が「困ってしまう場面」を描く**

〝シーン〟を描く時に大切なのは「お客様の生活の中に溶け込むこと」。お客様が想像できないシーンを描いてもあまり効果はありません。あなたの食材やレストランは、生活の中でどんなところに登場したらいいでしょうか？　実際にお客様が遭遇する〝シーン〟を描くことができれば、お客様の共感度はとってもアップします！

「〝シーン〟を描くなんて難しそう……」と思う方は、次の二つのパターンを当てはめて考えてみてはいかがでしょう。

まずは「お客様が困っている場面」を探すというパターン。お客様が普段の生活の中で困っている場面を探し、「こんなことで困っていませんか？」、「こんないいものがありま

カレーを作ると
家族で辛さの好みがちがう…
そんなことありませんか？
辛
カレースパイス
5g
カレースパイス
5グラム
この小袋スパイスを使えば
みんなが自分好みの味に
仕上げられます！

すよ」と紹介するパターンです。

あるスパイスメーカーが「小袋入り カレースパイス（5グラム）」を発売した時、「5グラムずつ小袋に分けられたカレースパイスです」と紹介していました。でも、この説明だけでは何に使うモノなのかちょっとわかりづらいですよね？

実はこの小袋スパイス、カレーにかけることで辛さや風味を調節するためのモノだったのですが、この紹介文ではその真意が伝わりません。

そこで「お客様が困っている場面」を描いてみるのです。


お父さんとお子さんで好みのカレーの辛さが違うことってありませんか？ そんな時、この小袋スパイスを使えば、みんなが〝自分好み〟の味に仕上げられます！ 小袋入りなので、いつでも新鮮なスパイスの香りが楽しめます

どうでしょう。これならどんな時に使うものなのかがすぐにわかりますよね。

家族で好みの辛さが違うっていうことはよくあります。お父さんがガマンして甘口のカレーを食べているなんていう〝シーン〟もよくありますよね。だからこそ、この文章を読んだ人もすぐにこの〝シーン〟が想像できるというわけです。利用場面を想像してもらえれば、この小袋入りスパイスの便利さがわかってもらいやすいですよね！

◎「普通はこうだ」と思われていることを逆手に取って！

もう一つのパターンは、「お客様が〝普通〟だと思っていること」を挙げてみせるというもの。

突然ですが、この質問に答えてみてください。

「おじいさん、おばあさんをもてなす時の料理」と言われたら、あなたならどんなメニューを想像しますか？

今、「和食」のメニューを思い浮かべた方が多いのではないでしょうか？「お年寄りには和食」というのが、多くの人にとっての〝普通〟ですからね。そのような〝普通〟は非常に想像しやすいため、「食べるシーン」を描く時にも有効に使えるんです。

あるデパ地下では、「テリーヌ」を販売する時にこの〝普通〟をうまく活用し、ＰＯＰにこんな文章を書きました。

今日は敬老の日。おじいちゃん、おばあちゃんのおもてなしは〝和食〟だと決めつけていませんか？　やわらかいテリーヌはお年寄りでもおいしく食べられるもの。いつもと違った、洋食のおもてなしはいかがですか？

和食でのおもてなしは誰でも想像がつくでしょう。それを最初に持ってくることで、お客様の「想像力のスイッチ」をONにします。その後に、普通とはちょっと違った洋食（テリーヌ）でのおもてなしを提案。想像力のスイッチが入っていますので、これもまた想像してもらいやすくなるのです！

「ウチのおばあちゃんはテリーヌ、大好物だよ」というような人でなければ、テリーヌを見て、「お年寄りにはこういうのがいいな」と想像するのは難しいでしょう。だからこそ、「想像しやすいもの」→「普通と違うもの」という組み合わせでアピールするとわかってもらいやすいんです。

想像してもらうことで、おいしさや便利さは伝わりやすくなります。ぜひ「食べる〝シーン〟」を描いて、想像力のスイッチをONにしてください！

敬老の日は こんなおもてなし
3色テリーヌと野菜テリーヌ
を使ったオードブル
やわらかいテリーヌは
お年寄りでも おいしく
食べられるもの。
いつもとちがった洋風の
おもてなしは いかがですか？
W.Y

2章
「オススメ品」を上手に魅せよう！

「オススメです！」

と書くだけでは、お客様には伝わりません。

実は、試食をしてもらったとしても、そのよさが十分に伝わらないことだってあるのです。

せっかくのオススメ品、よいモノだと思ってもらいたいですよね？

そんな時、こんなアピール方法はいかがでしょう？

よいものを選び出すヒント――「TOP3」

◎選択肢が〝ありすぎる〟のも困りもの？

先日、たくさんの種類のコーヒー豆を置いていると評判のコーヒー店がテレビで紹介されていたので、コーヒー好きな私はさっそく行ってみました。さて、店内を見ると……、評判通りの品揃え！　思わず圧倒されてしまうほどたくさんのコーヒー豆が、壁一面に陳列されています。オリジナルブレンド、ブルーマウンテン、モカマタリ……たくさん並んでいるコーヒー豆の中から、「どれにしようかなぁ」と選びはじめました。

コーヒー好きを自認する私ですが、だからと言ってコーヒー豆に詳しいわけではありません。そのため、こういう時にはＰＯＰの「商品説明」が頼りです。

「オリジナルブレンド」――バランスのブラジル産と、コクのマンデリン産をほどよくブレンド

「深煎りコーヒー」――苦味とロースト香が特徴。アイスコーヒーやエスプレッソに

「ブルーマウンテン」――香りがよく、バランスが絶妙。多くの方に好まれる逸品です

と、それぞれのコーヒー豆にきちんと「商品説明」が書いてあります。

もちろん、他のコーヒー豆にも紹介文が載っているので、「コレもいいなぁ、あ！　アレもいいなぁ」と私はあちこち目移りしてしまうのです。

できれば気に入ったコーヒー豆を全部買っていきたいところなのですが、「とりあえず今日は2種類を選んで買っていこう！」ということに。しかし……

「あまりに豆の種類が多すぎて、どれを選んだらいいのかわからない……」

〝多すぎる選択肢〟を前に途方に暮れてしまったワタシ。

そんな状態でまごまごしている私に、店員さんがあるヒントをくれました。

選択肢が多いと選ぶのがタイヘンになることも…
そんなお客様のために"選ぶヒント"を！

◎選べない私に店員さんがくれた〝ヒント〟

商品数が多いコーヒー店で、何を選んだらいいのかわからなくなってしまった私に店員さんがくれたヒント、それは「お店の売れ筋トップ3」でした。

第3位‐‐‐モカマタリ
第2位‐‐‐ブルーマウンテン
第1位‐‐‐オリジナルブレンド

私にとっては少し幅広すぎる選択肢を、店員さんは「今、こんな商品が売れていますよ」という枠をはめて、ちょっと狭めてくれたのです。

店員さんのくれたヒントが〝よいものを選び出す手がかり〟となり、私はこの日、「オリジナルブレンド」と「モカマタリ」を買っ

て帰ることができました。

このお店のように「売れ筋トップ3」を教えてもらえれば、どれを選んだらいいのか迷っていたお客様が「まずは一番人気のモノから試してみようかな？」とか、「その三つの中から選んでみようか」と選びやすくなりますよね。

迷っているお客様には、そんなふうに〝手がかり〟を教えてあげて、「選ぶ」という行為をサポートしてあげましょう！

◎スタッフのおススメもトップ3に

「トップ3」とは、「お店の売れ筋トップ3」ばかりを言うのではありません。

たとえばこのコーヒー店では、「売れ筋トップ3」以外に「スタッフのおすすめトップ3」も紹介していました。

コーヒーの専門店で働く人たちが「おいしい！」と思ったモノのトップ3ですから、お客様にとってよいモノを選ぶヒントになりますよね。

これはお客様のメリットだけではありません。「おすすめトップ3」を出せるということは、スタッフ全員がお店のコーヒーをちゃんと飲んで、その味わいを知っているという〝証〟にもなるのです。

◎いろいろ使える！　アイデア次第の「トップ3」

コーヒー豆に限らず、いろいろな商品で「トップ3」を紹介することは有効です。たとえば、お弁当屋さんの「夏のオススメトップ3」なんてどうでしょうか。

「当店の夏のオススメトップ3！」
1　スタミナ弁当 - - - ガーリックの風味で食欲増進。夏バテする前に！
2　スパイシーチキンカレー - - - エアコンで冷えた体を内側からカーッ！とあたためます
3　サラダそうめん - - - 食欲がない時、さっぱりしたものが食べたい時はコレ！

このように書けば、お客様に〝選ぶヒント〟を伝えつつ、今の時期にぜひ食べてほしい夏のメニューをお客様にアピールすることができて、まさに一石二鳥です。

その他にも、「一人暮らしのあなたにオススメしたいトップ3」、「カップルが買っていくメニュートップ3」なんていうのはいかがでしょう？　「サッカー、野球、スポーツするならこのお弁当！　トップ3」、「秋の行楽に持っていくならこのお弁当 トップ3」というようなものもいいですね。

そのように、誰の、どんな時のトップ3にしようか？　と考えていけば、あなたのお店でも色々な「トップ3」が思いつくのではないでしょうか。

◎〝選ぶヒント〟があればお客様は安心できる

せっかくたくさんの種類の商品を置いていても、それがお客様にとって〝負担〟になってしまっていたとしたら……ちょっと残念ですよね。

そんな時はお客様にいろいろな「トップ3」を教えて、〝よいモノを選び出すヒント〟を与えてさしあげましょう。

選ぶヒントがあれば、はじめてその店に来られるお客様も安心して買い物をすることができるはず。お客様が選ぶことを楽しいと思えるような「トップ3」を、お店のスタッフ全員で考えてみてはいかがでしょうか！

夏のおすすめトップ3
1 スタミナ弁当
ガーリックの風味で
食欲増進
夏バテする前に！
2 スパイシーチキンカレー
エアコンで冷えた
体を、内側から
カーッ!!とあたためます
3 サラダそうめん
食欲がない時、
さっぱりしたものが
食べたい時はコレ！

試食を効果的にする「味わうポイント」2

◎「試食すればわかってもらえる」はホント？

デパートの地下食品売り場にある洋菓子屋さんが、新しいチョコレートスフレを開発しました。素材のチョコレートにこだわっており、少しほろ苦い、オトナの味わいの自信作です。

「実際に食べてもらえば、このおいしさが伝わるはず！」と店長さんは信じ、店頭で試食してもらうことにしました。売り子さんたちもがんばって、お客様に試食を勧めます。

「新作のチョコレートスフレです。どうぞ召しあがってみてください！」

その声にお客様も立ち止まり、新作のお菓子を試してくれました。

チョコレートスフレは飛ぶように売れて、試食作戦は大成功！　と言いたいところなのですが、現実はそんなに甘くありませんでした。

試食をしたお客様から返ってくるのは、なぜか「へえ～……」、「ふ～ん……」といった薄い反応ばかりで、実際にスフレを買ってくださるお客様は予想以上に少なかったのです。

（おいしいのに……なんでだろう？）

店長さんは自信作のスフレが評価されなかったことが不思議で仕方ありません。

実はこの新商品、香りを楽しんでもらうため、あえて甘味を抑えてあるのですが、それが今回は裏目に出てしまったようなのです。

試食としてお客様に出せるのは、ケーキを小さく切ったもの。わずかそれだけの量を、何の予備知識もなく味わったのでは、その素材のよさや香りの違いに気づかないお客様が多く、「ちょっと苦いチョコケーキ」としか評価されなかったのです。

少しの量を食べてもらい、その違いをわかってもらうためにどうすればいいか？　店長さんは知恵を絞りました。

新作
チョコレートスフレ
試食はほんのちょっとだけ…
お客様はこの分だけで
判断しなきゃならない…
w.y

◎"味わうポイント"を伝えてしまう

（少し食べただけでは、何がいいのかわかりにくいのかもしれない。ならば、ココを味わってほしいというポイントを最初に伝えてみたらどうだろう）

店長さんはそう考え、翌日からお客様に試食を勧める時に、こんな言葉をつけ加えるよう売り子さんたちに指示をしたのです。

新作のチョコレートスフレです。本場ベルギーのチョコレートを使って、香ばしく仕上げてあります。この"香り"を味わってみてください

昨日の誘い文句を少し変えただけです。しかし、これが非常に大きな効果をもたらしました。

「あら、ホント。香りのいいチョコレートケーキね！」

「やっぱり〝本場もの〟は違うわね」

お客様から返ってきたのは、昨日とまったく違う反応。

このチョコレートスフレを味わうポイントは〝香り〟だと伝えたことで、お客様にちゃんとそこを評価してもらえるようになったのです。そういう視点から見ると、これほどよい香りのチョコレートスフレはちょっと他にありません。用意したスフレはあっという間に売り切れてしまいました。

食べ物を評価するポイントは一つではありません。甘味・苦味・酸味といった味わい、香り、食感……その他にもたくさんの評価ポイントがあります。

お店がこだわりを持っているところでも、お客様がそれに気づかないことだってあるでしょう。言われてはじめて「あぁそうか」と気づくような特徴だってあるはずです。

だからこそ、「どんな所にこだわっているのか」、「どんな所を味わってほしいのか」というような「味わうポイント」を具体的にお客様に伝えておくといいのです。

試食をして、香りを確かめてほしいのか、甘味を感じてほしいのか、それとも食感に感動してほしいのか……ポイントを伝えた上で試食をしてもらうと、そのおいしさはちゃんとわかってもらえるのです！

◎ネットショップがサンプルを配る時も

「味わうポイントを先に伝える」――これは店頭の試食以外でももちろん使えます。たとえば、ネットショップでサンプルを送る時などにも。

注文を受けた品物をお客様の所に送る時、送料オーバーにならない程度に商品のサンプルを一つ、二つ同封しているお店は多いと思います。

新商品や、そのお客様がまだ注文したことがない商品などをサンプルとして入れることで、新しい味に出会ってもらえるチャンスを作るというわけですね。

これはまさにネットショップ版の〝試食〟。そんな時にもこの文章作法は使えます。

たとえば、商品を注文してくれたお客様に、新発売のマドレーヌをオマケでつけるとしたらこのような言葉を書いたメッセージカードを添えたらどうでしょうか。

新作の紅茶マドレーヌです！　人気のマドレーヌに香り高い紅茶を入れて、新しい味が生まれました。バターと紅茶の香りのハーモニーをぜひ、お試しください

こんなふうに「味わうポイント」を書いたカードを入れておけば、お客様もこのマドレーヌのウリである「バターと紅茶の香りのハーモニー」をきちんと味わうことができますよね。

さらに、メッセージカードは、お客様とコミュニケーションを取る手段ともなります。何も言わずにサンプルを入れただけでは、それはただのオマケとしか受け取ってもらえないかもしれません。

しかし、メッセージカードを入れておけば、そこにお客様とコミュニケーションが生まれ、売り子さんが店頭で試食を勧めるのと同様の効果が望めます。

商品を正しく味わうポイントを見落としてしまうのは、お客様にとっても、お店にとっても不幸なこと。だから、ちゃんと「味わうポイント」を伝えておきましょう。

商品のよさをちゃんと味わってもらうことができれば、次回の注文につながる可能性は確実に高くなります！

3 誰もが知ってる○○をパートナーに！

◎〝有名な商品に合う商品〟なら高品質をアピールできる

本当においしいのだけれど、それがうまく伝わらない、そんな時は皆が知っている「有名な○○」のチカラを借りてみてはいかがでしょうか。

たとえばあるお茶屋さんでは、このようなお茶を作っています。

おいしい京都の漬物に合うように作った、〝お茶漬け用のお茶〟です

〝京都の漬物〟がおいしいということは誰もが知っていることですよね。品質の高い京都のお漬物に合わせて作ったお茶となれば、そのお茶も品質が高いように思えてきませんか？

このお茶は、お茶漬けの具の繊細な味を殺さず、なおかつお茶の風味も主張させるようにと試行錯誤を繰り返して作られた逸品です。しかし、そのことをお茶のよさだけで伝えきるのは難しいでしょう。そこで有名な「京都の漬物」というパートナーに登場してもらうことによって、お茶の品質の高さをアピールしたのです。

　あるコーヒー店では、世界中から取り寄せた豆をブレンドして、オリジナルコーヒーを作っています。このブレンドコーヒーはとてもおいしいのですが、それをうまく伝えられません。そこで、あの有名な「ハーゲンダッツ」にチカラを借りることにしたのです。

ハーゲンダッツに合うコーヒーをブレンドしてみました。少し酸味があり、ミルクとの相性はバツグン。ハーゲンダッツの濃厚な甘味とよく合います

　ハーゲンダッツのアイスクリームが好きな方がこれを聞いたらどうでしょう？　ちょっと試してみたくなるのではないでしょうか。

有名カップアイス
ブレンド中…
あのアイスに合う味は…
う〜ん…
有名なカップアイスに合わせてブレンド！

◎合わせて作れなければ、合うものを探せ！

「私のお店は、自分のところで商品を作っていないから、有名な何かに合わせて作るってできないわ」

と諦めるのは待ってください！

有名なものは数多く存在するのですから、あなたの商品に合う有名なモノを探してみてはいかがでしょうか。

ある醤油屋さんでは、主力商品である〝こいくち醤油〟を売る時に、「各都道府県別のチラシ」を作りました。各都道府県で一つずつ、〝こいくち醤油〟に合う有名な食材を探し、その食材と〝こいくち醤油〟で作った料理を何品か、チラシに載せるようにしたのです。

たとえば、北海道では「とうもろこし」を選びました。北海道の焼きとうもろこしのおいしさは、地元の方はもちろん、全国の方が知っています。焼いたとうもろこしに、こいくち醤油をかけるところを想像してみてください——なんともおいしそうですよね。

三重県では、誰もが知っている「松坂牛」を選びました。さっと焼いたお肉に醤油をかけただけ。でも、松坂牛のおいしさを知っている人なら、そのおいしさは十分に想像できるはず。その他、大分県の「関アジ」、京都府の「湯葉」など、都道府県ごとにこの醤油に合う食材がピックアップされていったのです。

北海道
焼きとうもろこしに合う醤油！
三重
松坂牛ステーキにピッタリな醤油！
大分
関アジにはこの醤油！
こだわりの醤油
都道府県で、この醤油に合う、有名な食材をピックアップ

この各地のおいしいものチラシが、営業活動に役立ったのは言うまでもありません。

「この醤油、おいしいんですよ」とアピールするだけでは、お客さんも想像がつかないかもしれません。でも、地元のおいしいモノの味ならきっと想像がつくでしょう。地元のおいしい食材とこの醤油を合わせた料理を見せてあげることで、

「あ、アレと合わせるのにいいんだ」、「あぁ、それはおいしそうだなぁ」

と想像してもらうことができるのです！

そのように一度味を想像してもらえば、この醤油に興味を持ってもらうことができます。興味を持ってもらえれば、「この醤油はこういうモノで……」、「こんな特徴があって……」という商品紹介も聞いてもらえますね。

◎つい試したくなる「具体的な名前」

面白い使い方には、こんな例もあります。

あるデパートの地下食品売り場の漬物屋さんの店頭には、なぜか「マクドナルドのハンバーガーの写真」が張り出されています。

実はこれ、立派な「お漬物（しば漬け）のＰＯＰ」。ハンバーガーの写真の下には、

うちのしば漬け、マクドナルドのハンバーガーにほんとに合います！　ぜひ、お試しを！

という言葉が。

これって気になりますよね？　何かちょっと試してみたくなりますよね？　ハンバーガーと漬物というミスマッチがさらに興味をそそります。

このデパ地下にはマクドナルドがあるのですが、実際にハンバーガーとしば漬けを一緒に食べているお客様が何人も目撃されています。こってりしたハンバーガーの〝箸休め〟になっておいしいのだそうですよ。

このように具体的な名前を挙げて、「有名なアレと合います！」と言われると、つい試したくなってしまうのが人情。誰もが持っているこの性質を、あなたも利用してみてはいかがでしょうか？

コンビニやスーパーを何軒か回るだけでも、今、何が売れているかが見えてきます。それら売れている商品の中に、あなたの商品のパートナーになりそうなものを探してみるのです。そして、「今、売れている○○と一緒に食べてみて！」、「○○が好きなら、コレも一緒に食べてみて！」とアピールしてみましょう。それだけで〝ちょっと気になるアピール文〟ができあがります！

新発売の○○茶と、当店のフロマージュケーキが本当によく合うんです！　○○茶はコンビニで売っていますので、ぜひ試してみてください！

と書かれていたら、ついフロマージュケーキを買って、コンビニに寄りたくなってしまいますよね。あなたもぜひ、「有名な何か」をパートナーにしてみてください！

お客様と同じ立場になれる〝おばちゃんトーク〟！

◎売り手と買い手の間には〝壁〟がある

一所懸命に商品のよさを説明しているのに、お客様にそれを聞いてもらえない――そんなことはありませんか？

「ことのは塾」にアドバイスを依頼される方の中には、商品のよさをちゃんとわかっているにもかかわらず、それをうまく表現できていない例が多いのです。それではあまりにもったいないですよね。

売り手であるあなたとお客様との間には、どうしても〝壁〟が存在します。お客様に商品の説明をちゃんと聞いてもらうには、どうにかして〝壁〟を取り除かなくてはなりませんが、それが意外と難しいもの……。

「コレはこういう商品ですよ」という商品説明は、それを買おうと決めた方には有効なのですが、まだ買うと決めていない方には、商品を売りつけるためのセールストークに聞こえてしまいがちです。

よいものをよい、おいしいものをおいしいと言っているだけなのに、お客様に避けられてしまう――そんな、あまり好ましくない状況を作り出してしまいます。

でも、そんな〝壁〟を上手に取り払っている方もいらっしゃいます。

それは私がいつも行っているスーパーにいる、とても元気な店員のおばちゃん。

おばちゃんの売り場では、さつま揚げ、かまぼこ、はんぺんなどの練り物製品を売っていますが、いつも誰かしらお客さんが立ち止まって商品を見ています。

商品に興味がありそうなお客さんに、おばちゃんはすかさずこんなふうに声をかけています。

◎「あなたと私は同じ」をアピール！

明太子とじゃこの入ったさつま揚げを見ているい奥さんに、おばちゃんは、

それ、ウチではお父さんのお酒のつまみに出しているのよ！　フライパンでサッと焼くと香ばしくなってビールに合うの

チーズの入ったかまぼこを見ている子供連れのお母さんには、

それ、チーズが入ってるから子供が喜ぶわよ！　ウチでは子供のお弁当に入れてるの。すごく好評よ！

はたで聞いていると、それはまるで〝近所の知り合い同士の会話〟。でも、このおばち

ゃんの話を聞いて、お客さんたちは「あ、それはいいわねぇ」と商品を買っていくのです。このおばちゃん、ただお客さんと話をしているように見えるのですが、それが実は巧みな商品のアピールになっていたのです。

「ウチではこんな食べ方をしていて、とてもおいしいわよ」というトークは、〝店員〟という立場ではなく、〝お客さんと同じ主婦〟としての立場でのお話。そのため、同じ主婦であるお客様に共感をもって聞いてもらうことができていたのです。

つまり、お客様との間にある〝壁〟をこちらから乗り越えて、〝壁〟の向こうでお話をしているようなイメージ。だから、売り込みくささがなくなって、言葉を素直に受け取ってもらえるのですね。

このおばちゃんのすごさは、お客様によって〝自分の立場〟も上手に変化させていること。たとえば、仕事帰りの女性が店内に増えてくる頃には、

アタシもこうして外で働いているでしょ？　だから、こういうサッと食卓に出せるおかずが一品あると便利なのよ。レトルトと違って〝手抜き〟をしてるっていう感じもないしね

と、〝働く女性〟に共感してもらえるようなトークを展開しているのです。

◎読んでもらう場合も〝接点〟が必要！

お客さんと同じ立場になって商品を語るというこの方法、直接お客さんと会話をする時だけしか使えないというわけではありません。文章にも、もちろん使えるのです。

たとえば、ネットショップの商品紹介文に書いてみてはいかがでしょう。

商品は豆乳を使ったヘルシーなプリン。ダイエット中のお客さんに、同じくダイエット中の店員さんなら、こんなふうにオススメトークを書いていくことができるはず。

私は甘いものが大好きなので、カロリーが気になってしまうんですが、この豆乳プリンは低カロリーなので、おやつはいつもこれにしてるんですよ。甘みが強めなので、1個で満足できちゃうんです

ダイエット中でカロリーが気になる方、甘いものが大好きでたくさん食べてしまう方は、この文章に共感してくれますよね。

この豆乳プリンを男性に向けて売るのなら、同じ男性の店員さんにオススメ文を書いてもらうと効果があるでしょう。

私、いい年したおじさんなのですが、実は甘いものが大好きなんです。大きな声で

は言えないけれど、男の人で甘い物が好きな人って多いですよね？　この豆乳プリンは、しっかり甘くて、しかもヘルシー。体型がちょっと気になる男性にもおすすめです！

こんなふうにオススメしてもらったら、甘い物が好きな男性も買いやすいですよね。

その商品を買ってもらいたいお客様と、〝同じ立場〟で語る。そうすることであなたの言葉はとても共感を得やすくなります。

「私と同じような人が売っている」

お客様にそう思ってもらえたら、あなたは〝壁〟の向こう側に招待されたようなもの。そうなれば、あなたの〝声〟はちゃんとお客様に届くようになります！

お客様
売り手
男性
男性
『甘い物好き』という"接点"
コレを語ることで共感を得やすくなる！

5 「素材」を「完成品」にする！

◎〝素材〟ではイメージしづらい

デパートでやっている「地方物産展」に出かけてきました。

そこには〝海藻〟を売るお店が2店あったのですが、一方のお店にはお客さんがたくさん集まっているのに、もう一方のお店には全然お客さんがいないのです。

「この違いはなんだ!?」

と思って両方のお店を見てみると、そこには大きな〝違い〟がありました。店先の風景がまったく違っていたのです。

お客さんを集めている海藻屋さん（A店）の店先には、商品の〝海藻〟で作った料理が並んでいました。昆布の煮物や海藻のサラダ、寒天を使ったデザートなど、店頭に並んだ〝完成品〟を見て、お客さんはこのお店の海藻に興味を持っていたのです。

もう一方の海藻屋さん（B店）は、商品（＝海藻）がそのまま並べてあるだけでした。海藻そのものでは、おいしそうなイメージが湧かなかったのでしょう。こちらのお店を見ているお客さんは、残念ながらほとんどいらっしゃいませんでした。

昆布やワカメなどの海藻は、そのまま食べるのでなく、調理して食べることがほとんどですよね。

こういった〝素材〟は、調理後の〝完成品〟を見せることで、より効果的にお客様においしさをわかっていただくことができます。

たとえば、乾燥した〝素材〟の寒天を見せられるより、デザートとして調理した後の「牛乳寒天」のほうがおいしそうですよね。

昆布をそのまま置いておくよりも、その昆布を使った煮物のほうがお客様も「あら、おいしそう」と思ってくれるはず。

〝素材〟をアピールする時は、そのままではなく〝完成品〟を見せるといいのです！

『素材』
棒寒天
おいしい寒天
おいしそう…
棒寒天を使って作った
『完成品』
牛乳寒天
『素材』は『完成品』を見せると、おいしさが伝わる！

◎素材の持ち味を活かせる料理を選ぶ

お客様に見せる〝完成品〟を、どのようなものにするかも重要なポイントです。

大切なのは、その〝素材〟の持ち味を最も活かせる料理にするということ。

〝完成品〟を見て「あ、これおいしそう！」と思っても、素材の魅力を感じていただけなければ、お買い上げには至らないかもしれません。

そこで、

「この料理、おいしそうでしょ？　この料理を作るには、この素材が一番適しているんですよ！」

と「完成品のおいしさ」に加え、「この素材でなければ！」というところをアピールすることが不可欠です。この〝完成品〟は、この〝素材〟でなければできません！　とアピールできれば、お客様も納得してその素材を買っていってくれますよね。

たとえば、先ほどのA店の昆布にはこんな特長がありました。

早く煮えて、肉厚でやわらかく、煮物に適した昆布です。ダシもしっかり出るので深みのある上品な味の煮物ができます

店頭に置かれていた〝完成品〟は、「昆布と大根の煮物」。この場合、昆布の役割はダシ

へい！
らっしゃい!!
海藻サラダ
昆布ひじき
寒天
昆布と大根の煮物
海藻とトウフのサラダ
寒天デザート
ひじきの煮物

商品を使って作った、海藻料理が並ぶA店

を取ることだけでなく、ちゃんと主役としての存在感を出すこと。

だから、この料理ならこの昆布の持つ〝持ち味〟がちゃんとわかりますよね。

完成品を店頭に置くだけでも、たしかな効果があります。

それに加え、「この料理は、この素材だからこそできるんですよ！」という点をアピールしていくと、〝素材〟の売れ行きも大きく変わってくるでしょう。

「どんな料理を並べていったらいいのかな？」

と悩んだ時は、「〝素材〟のよさを一番表わせるメニュー」、「他の似たような〝素材〟では作れないメニュー」を選んでみてはいかがでしょう。

◎普段食べないような素材にも効果的！

〝完成品〟を見せたほうがおいしさをアピールできる食べ物は他にもあります。

普段の食事ではあまり使わないような食材、たとえば、輸入食材屋さんやちょっと高級なスーパーなどで見かける「レバーペースト」。

レバーペーストがどういうものなのかを知らない方が見たら、これはそのままスプーンですくって食べるのか、または何かの料理に混ぜたりするのか、どう食べるものなのか、よくわからないかもしれません。

食べ方がわからないものを買っていく人は少ないでしょうから、そのような食材は〝完成品〟にして食べ方を知ってもらいましょう！

liver paste
クラッカーやパンにぬるだけで
ステキなオードブルが
できあがります。
○○屋
なめらか
レバーペースト
w.y

レバーペーストならクラッカーに乗せ、お皿にきれいに盛りつけ、

クラッカーやフランスパンに塗るだけで、素敵なオードブルができあがります

と、紹介してみてはいかがでしょうか。そうすれば、「レバーペーストってこうやって食べるものなのね」と一目瞭然です。

これを文字や言葉で表現しようとしたら大変です。「こうやって食べるんです。こうするとおいしいんです」と言ったり書いたりしても、素材自体を知らないお客様はキョトンとするだけでしょう。

どんなによい商品であっても、お客様がその食べ方や使い方を想像できなければ、「おいしそう!」、「それ、よさそう!」と思ってもらうことはできません。

「うちの商品はどんな〝完成品〟にできるだろう?」

「どんなふうに使ったらおいしさが一番引き立つのだろう?」

ということをもう一度、考えてみてください。

そして、お客様に「おいしそう!」と思ってもらえるようなアピールをしていきましょう!

さつま揚

3章

“五感”を使ってアピールしよう！

① 食べてみた感想を「五感」に分けて書いてみよう!
② わかりやすい味の表現――「○○と合います」
③ 見えないところを“魅せる”
④ おいしいイメージが湧く、「香りのサポート情報」
⑤おいしさを増す「音」を使おう！
⑥ 食感を“擬音”で伝えよう！

おいしいモノをアピールする時、

「おいしいです」

と書いてしまっていませんか？

「おいしそう！」と思ってもらう“秘訣”は、その味を想像させること。

見た目・香り・音・食感、そして味……五感のすべてをフルに使って、“伝わるアピール”していきましょう！

食べてみた感想を「五感」に分けて書いてみよう！

◎「おいしい○○です」は何も書いていないのと同じ

チラシやホームページで食べ物のよさを伝えなくてはならない時、ついつい「おいしい○○です」「おいしい××ができました」と、「おいしい」という表現でごまかしてしまうことはありませんか？

残念ながら、「食べ物 ＝ おいしい」という表現は当たり前すぎて、「おいしいケーキです」と書いたところで、誰も注目してはくれません。

つまり「おいしい○○」という表現は、何

も書いていないのとさほど変わらないのです。

せっかくチラシやホームページを作るのですから、お客様に注目してほしいですよね。そして紹介している食べ物を「おいしそうだなぁ」と思ってもらいたいものです。

右の絵をご覧ください。とあるレストランのメニューに載っている紹介文です。「おいしいミネストローネです」と書いてあるだけで、他には何も書いてありません。意外なことに、こんなあっさりとした紹介文が世の中には非常に多いのです。

このミネストローネが本当においしかったとしても、残念ながらそれはお客様には伝わりません。

おいしさは「おいしい」という言葉では伝わらないのです。

なぜなら、「おいしい」という言葉は非常に抽象的なので、それだけでは味を想像することができないからなのです。

おいしさをお客様に伝えるためには、お客様に「想像してもらうこと」がとても大切。想像することによって、「それ、おいしそうだなぁ」と思うことができるわけですからね。

ある料理が「おいしい」ということを伝えたいのであれば、そのおいしさが想像できるよう、もっともっと具体的なポイントを伝えていかなくてはならないのです!

◎視覚・聴覚……五感に分けて書いてみよう！

お客様が料理の味を想像できるようするには、おいしさを〝五感〟に分けて表現するのが効果的です。

まずは、紹介したい料理を味わいましょう。おいしさを具体的に表現するには、まず実際に食べてみないとはじまりません！

その時に大切なのは、ちゃんとメモを取ること。その場で思ったこと、感じたことを、感覚が飛び去ってしまわないうちに素早くメモすることが肝心です。

食べる時には、次の点に注目しましょう。

視覚…まず、その料理の〝見た目〟に注目します。どんな色？　どんなカタチ？　どんな大きさ？　料理そのものだけではなく、お皿などの容器の見た目にも注目です。お饅頭のように中身が見えないものなら、割ってしっかり中を見ましょう。

聴覚…次に〝音〟に注目しましょう。その料理を作る時、そして食べる時にはどんな音がするでしょうか？　コトコトと煮込む音、ピザを切り分ける時のサクサクっという音。そのような〝音〟が料理のおいしさを想像させるのです。

嗅覚…ひと口食べる前に、どんな匂いがするかを確かめてみましょう。香りを表現する時は「○○に似たような匂い」というように、似た香りのものを探して書き留めておくといいですね。そうすると、それを読んだお客様も香りを想像しやすくなります。

触覚…食べた時の歯ざわりは、どのような感触だったでしょうか？　サクサク、とろ～り、ふんわり……など擬音で考えると触感（食感）は表現しやすいです。手に持って食べるモノなら、その手触りについてもメモしておきましょう。

味覚…最後に〝味覚〟です。それはどんな味がしたでしょうか？　甘い、苦い、酸っぱい、塩辛いといったストレートな表現に加え、「ビールに合う味」、「日本酒と一緒に食べたい味」といったように、「○○に合う味」という表現も面白いでしょう。

ん…!?
意外と味が濃いかも…
野菜がトロトロしてる…
気づいたことはなんでもメモしておこう！

◎「ちょっと違うところ」を挙げる

視覚・聴覚・嗅覚・触覚・味覚――五感それぞれに注目した特長が書けたら、その中から「このポイントは他の店のモノとはちょっと違うぞ」、「この特長は他の店のものより優れているぞ」というものを抜き出してみましょう。

いくら五感を使って具体的な表現をしたとしても、挙げるポイントが平凡なものでは、お客様の注目を集めることはできません。

「ココがちょっと他とは違うんですよ」

そんなポイントが挙げてあれば、そこに目が行きますよね。

先ほどのミネストローネを食べてみると、インパクトがあったポイントは「視覚（見た目）」と「嗅覚（香り）」でした。

ミネストローネ
トマトジュースを使用！
スープにトマトジュースを使った、鮮やかな赤が印象的なミネストローネ。パンチの効いたガーリックの香りが食欲をそそります。
W.Y
ガーリックが効いてます！

真っ赤な色の見た目、そして強いにんにくの香りが、他とは違う特徴です。そこで、二つの特徴を踏まえ、こんな文章にしてみました。

スープにトマトジュースを使った、鮮やかな赤が印象的なミネストローネです。パンチの効いたガーリックの香りが食欲をそそります

どうでしょう? これなら先ほどの「おいしいミネストローネです」という表現に比べ、より具体的なイメージがわきますよね?

紹介文では、ついつい「おいしい○○」という抽象的な表現を使ってしまいがちですが、その表現ではせっかくのおいしさが上手に伝わりません。抽象的な情報だけでは、お客様も味を想像することができませんからね。

お客様にその料理を想像してもらうためには、より具体的な情報をお伝えすることが大切です。その時に、このような五感の表現が役立つというわけです。

この章では、そのような「五感の表現」について詳しく説明しています。

あなたの商品をもっともっと魅力的にするため、ぜひ参考にしてください!

2 わかりやすい味の表現――「○○と合います」

◎店主さんの悩み――どうしても似たような表現になってしまう

ネットショップを立ち上げたばかりの酒屋さんから、こんな質問をいただきました。

「味の表現がどれも似たようなものになってしまいます。どのようにすれば違いをつけられるでしょうか?」

このお店はワインの専門店。同じ「白ワイン」だけでも数十種類の商品があります。それぞれのワインをわかってもらいたいと思い、お店ではPOPなどに載せる紹介文を一つひとつ書いていていました。

「フルーティーで爽やかな酸味です」

「スッキリとした飲みやすい味です」

実はコレ、異なる2種類の白ワインの商品紹介文なのです。

両方とも「スッキリ」や「爽やか」など、同じようなイメージの言葉が使われています。

そのため、二つのワインの違いがすぐにはわかりません。

ワインをよく知っている人であれば、独自の知識やイメージで選べるのでしょう。でも、ワインにあまり詳しくないお客様にとっては、このような商品紹介文が頼りです。銘柄や味に関する知識を持っていませんから、POPなどに書かれていることを信じて、商品選びをするしかないのです。

しかし、頼みの紹介文がこのような抽象的な表現になってしまっていては、一般のお客様にはそれがどういうワインなのかがわからず、どれを買ったらいいのかがわかりません。

お客様に納得してお買い上げいただくためにも、味の違いを文章でどう表現していくかは大きな問題なのです。

スッキリした飲みやすい味です
この2つのワイン
いったいどう違うの?
?
フルーティーでさわやかな酸味です
もうちょっと具体的な違いがほしいところ…

◎具体的なモノを挙げてイメージしやすく

そこで、こんなふうに〝視点〟を変えて、味を表現してみることにしました。

フルーティーで爽やかな酸味。クリームチーズと相性のいい白ワイン

スッキリした飲みやすいワイン。魚介のマリネとよく合います

今度はどうでしょう?

二つのワインのイメージが、先ほどより具体的に見えてきませんか?

あなたがワインを飲む時を考えてみてください。ワインを飲む時は、なにか「おつまみ」が欲しくなりますよね。特殊な場合を除けば、おつまみナシでワインだけを飲むというケー

これなら、ワイン初心者さんもイメージしやすい!

スは、それほど多くはないでしょう。

そこで、「○○に合います」という表現を使って、より具体的にイメージしてもらえるようにしたのです。


実はこの表現、普段、店主さんがお店で接客をする時によく使っている言葉でした。

ワインにあまり詳しくないお客様は、ワインをどう選べばいいのかわかりません。そんな時、店主さんは

「○○料理に合わせるのだったら、このワインがいいですよ！」


というように、具体的な〝モノ〟を挙げてアドバイスをしていたのです。この表現方法は、お客様にも「あぁ、そう言われるとわかりやすいわ」と好評を得ていました。

さっそく、ネットショップの商品紹介文も店頭でのアドバイスと同じような表現にしてみたところ、ワインの売上が以前よりグンと上がりました。

最も大きな理由は「ワイン初心者のお客様」の購入が増えたこと。

わかりやすく、イメージしやすい表現を使ったことで、ワイン初心者も安心して買うことができるようになったからなのでしょう。

◎どんな食べ物にも使える表現方法

「○○に合います」

「○○とご一緒にお召し上がりください」

この表現方法は、もちろんワイン以外の商品にも使えます。

たとえば、あるソーセージ専門店では、商品のＰＯＰにこのような言葉を載せています。

ドイツタイプの自家製ソーセージ。あふれ出る肉汁がライトなビールとよく合います

「ライトなビールと合う」という言葉で、コクのあるジューシーなソーセージなのだろうな、というイメージが湧いてきますね。

レストランでは「メニューブックに載せる紹介文」に使ってみてはいかがでしょうか？

果実の自然な甘みが味わえるデザートワインです。フルーツタルトとご一緒にお召し上がりになると、より一層深い味わいが楽しめます

「フルーツタルトと一緒に味わえるワイン」と言われれば、フルーツに負けない、甘味のしっかりしたワインが想像できるでしょう。

お店のメニューにフルーツタルトがあれば、お客様はワインと一緒にタルトも注文してくれるかもしれません。

味を想像してもらうことができる上に注文も増えて、一石二鳥の表現方法と言えるでしょう。

商品の特徴は、抽象的な言葉ではイマイチ伝わりにくいものです。そんな時は、最もマッチする食べ物、飲み物をお客様に教えてあげましょう。

わかりやすい表現をすれば、お客様はきっとそれを味わってみたくなるはずです！

果実の自然な甘味が味わえる
デザートワインです
当店のフレッシュベリータルトと
ご一緒にお召し上がりになると
より一層、深い味わいが
楽しめます
フレッシュベリータルト¥420
W.y

見えないところを〝魅せる〟

3

◎断面写真で「中身」を伝える

先日、駅のおみやげ物売り場で、大変インパクトのある〝お饅頭〟を発見しました！

一見すると、ごくごくフツーの大きな白いお饅頭なのですが、ふと商品ＰＯＰに目をやると、そこにはこんな衝撃的写真が……（左ページのイラストをご覧ください！）

「うわー！　あんこ多すぎっ!!」

割ってみてはじめてわかる、その中身。

薄皮の中に、粒あんがこれでもか！　というほどぎっしり詰まったこのお饅頭。道行く人はみんな目を奪われていました。あんこが大好き！　という人がいたら、すぐさま買っていくでしょう。

このお饅頭、もし、この「中身の写真」がなかったら、こんなに注目されなかったかもしれません。中身をちゃんと見せたからこそ、お客様に商品の魅力が伝わり、足を止めて見てもらうことができたのでしょう。

このお饅頭のように、外側だけ見てもわからない「中身のミリョク」をもった食べ物ってたくさんありますよね。中身に特徴が隠れているなら、中身を見せなければ、そのよさやおいしさは伝わりません。そこで、このお饅頭のPOPのように「断面が見えるように切った写真」をお客様に見てもらいましょう。

その際、注目してほしいポイントを伝えておくと、さらにわかりやすくなります。

あんこ好きにはたまらない！　粒あんがたっぷりのお饅頭です
見てください！　このあんこの量

など、「ココを見てください！」というポイントを伝えておけば、お客様もその部分に注目できますよね。

薄皮まんじゅう
1コ¥120
粒あんがぎっしり!!
す、すごいあんこの量!!
W.Y
半分に切ったおまんじゅうの断面
とにかくすごいインパクトがありました…

◎シュークリームも〝中身〟を見せれば、おいしそう！

「中身のミリョク」を引き出すこの方法は、いろいろな食べ物の紹介に使えます。

たとえば、〝シュークリーム〟も外側からではわからない部分が多いですよね。

中にはどんなクリームが詰まっているのか？　どんな工夫がされているのか？　それは外から見ただけではお客様にはわかりません。

そして、いくら中身を説明する言葉を重ねたとしても、それが的確にお客様に伝わるとは限らないのです。

そんな時こそ、「断面の写真」を活用してみましょう。シュー皮を割って、〝隠されたおいしさ〟をお客様に見ていただくのです！

バニラビーンズを加え
丁寧に練りあげた
ミルキーなカスタードクリームが
たっぷり入っています。
カスタードシュークリーム
￥250
W.Y
お客様の目はこのカスタードに集中！
バニラビーンズの入ったカスタードクリーム
が見えてると、おいしそう……♥

大切なのは「注目してほしいポイント」を伝えること。

このシュークリームの特徴は、中に入っている〝カスタードクリーム〟にありました。

バニラビーンズを加えて丁寧に練り上げた、ミルキーなカスタードクリームが入っています!

こう書かれていれば、写真を見たお客様は、「カスタードクリーム」に注目します。バニラビーンズの黒い粒がいかにも本格的なクリームを見たお客様は、甘くておいしいシュークリームをイメージするのではないでしょうか?

人は「よく知っているものを好む」と言われています。どのようなモノかよくわからないモノは安心して買うことができません。

「外側だけを写した写真のみ」と「〝外側〟と〝中身〟を写した写真」とを比べたら、やはり後者のほうが情報量は多くなります。そのため、お客様も安心してその商品に手を出すことができるというわけですね。

それが〝中身〟に魅力が詰まった商品なら、なおさらです。「〝中身〟がポイント」という商品は、ぜひ「断面の写真」を使ってアピールしていきましょう!

◎野菜だって、中身に魅力がある！

お饅頭やシュークリームのように〝中身〟が入っているものでなくても、このアピール方法を効果的に使うことができます。

〝中身〟がない食べ物でも、切ってみると魅力的な断面が現われることがありますね。たとえば、「肉厚のパプリカ」。

外から見ただけではちょっとわからない、その〝肉厚さ〟。売り場にただ並べただけでは、お客様にそれをわかってもらうのは難しいところです。

でも、それも切ってみたら一目瞭然。パプリカを半分に切った断面の写真をＰＯＰに載せてアピールしてみてはどうでしょう。

とっても肉厚のパプリカです！　そのまま細く切って、スティックサラダにしてお召し上がりいただけます

こう伝えれば、お客様はパプリカの肉厚さに注目しますよね。

「こんなにしっかりしたパプリカだったら、スティックサラダにしてもおいしいだろうな」

「これなら、パプリカ独特の甘味が強いだろうな」

と、そのよさをわかってくれるのではないでしょうか。これも「切ってみてはじめてわかる魅力」です。

商品には、外側を見ただけでは伝わらない〝隠れた魅力〟があります。それを表に出すことで、商品のよさをストレートにお客様に伝えることができるのです。

考えてみればとても単純な方法なのですが、実は「中身の魅力」をアピールできていないお店も多いのです。中身に特徴があるもの、割ってはじめてそのよさがわかるものなど、あなたのお店の商品で、特長が中に隠れてしまっているものはありませんか？

せっかくのアピールポイントを見せないのはもったいない！　ぜひ「断面の写真」でアピールしていきましょう！

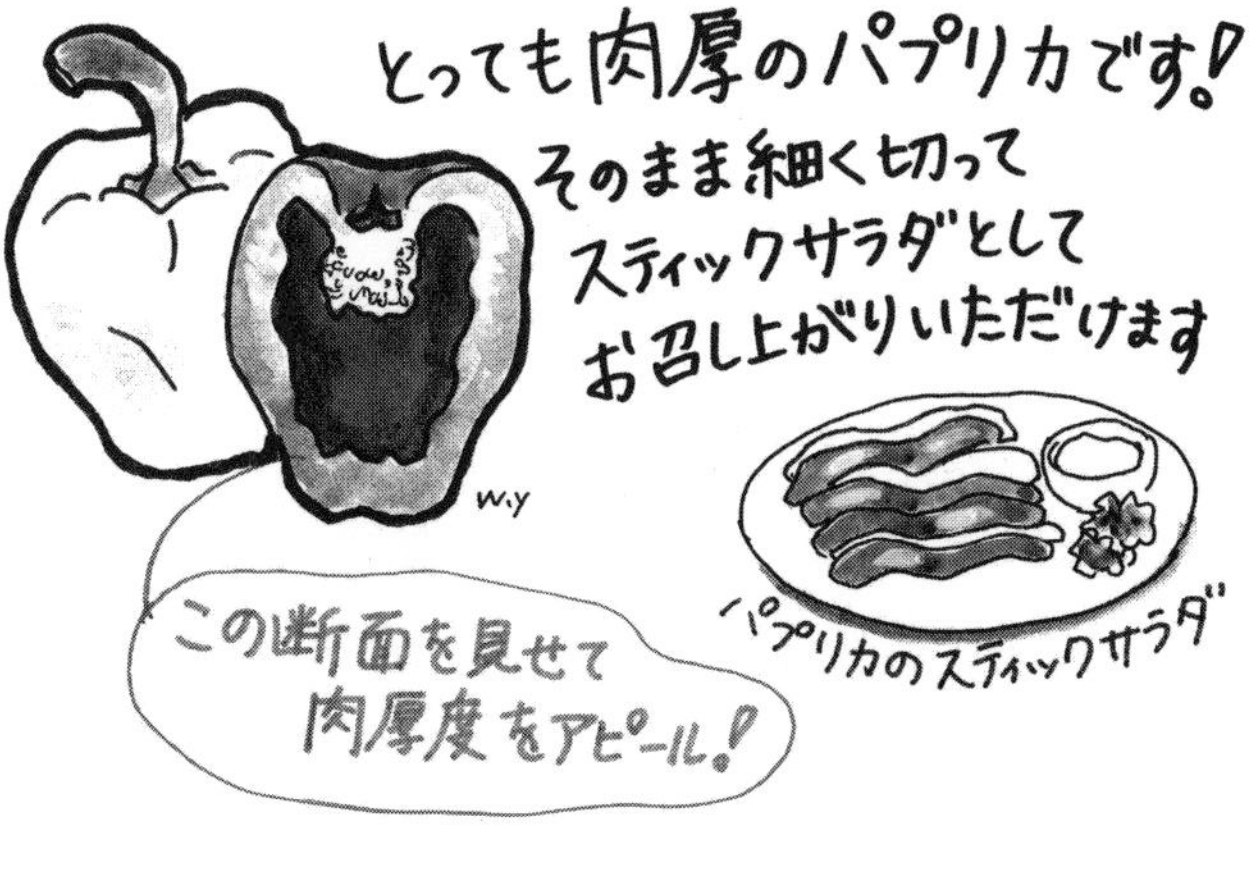
とっても肉厚のパプリカです！
そのまま細く切って
スティックサラダとして
お召し上がりいただけます
この断面を見せて
肉厚度をアピール！
パプリカのスティックサラダ
W.Y

おいしいイメージが湧く、「香りのサポート情報」

◎香りが一番引き立つ〝時〟を書こう！

焼肉屋さんの前を通ると、いい匂いがします。いい匂いからお肉が焼けるところを想像して「おいしそう〜」と思う人は少なくありません。

香りは、「おいしそう！」と思ってもらうために重要な役割を持っているので、文章でも香りを伝えることはとっても大切です。でも、香りをそのまま文字にするのは意外と難しいもの。

そこで、香りを文字で伝えたい時は「香りのサポート情報」を活用してみましょう。

たとえば、「香りが最も引き立つ〝時〟」を一緒に書くという方法があります。

あなたが「クッキー」の香りをお客様に伝えたいとしましょう。クッキーの香りが一番引き立つのはどんな時でしょうか？　たとえば「クッキーを焼いている時」。オーブンからあふれてくる甘い香りはたまらないですよね。香りを表現したい時はそんな〝場面〟を一緒に文章に描いてみるといいのです。

オーブンからクッキーの焼ける甘いバニラの香りがふわわ〜っとあふれてきます。このやさしい香りをそのまま箱につめてお送りします

と、「香りが一番引き立つ〝時〟」の情報を加えると、その場面が想像しやすくなります。

一杯一杯、手でコーヒーをドリップする喫茶店ではこんなチラシの文章を作りました。

挽いた豆に湯を注ぐ瞬間……ふわりと香ばしい香りが立ちのぼります。やすらげる香りを愉しみに来ませんか？

目の前でマスターがコーヒーを淹れてくれる場面を描くことで、香りが想像しやすくなりますよね。

『おいしい香り』を伝えたい!!
そんなトキは『香りのサポート情報』を活用！

◎〝想像できる香り〟を借りてこよう

〝香り〟の表現方法は、それだけではありません。たとえば、「お客様が知っている香りを利用する」という方法もあります。

どんな食べ物でも、さまざまな香りが重なってその食べ物の香りを醸し出しています。その香り一つひとつを言葉で表現しようとすると、「芳醇な香り」、「爽やかな香り」といった〝抽象的な表現〟になりがちです。

抽象的な表現は、一見、美しい表現のように思えるのですが、実際はお客様が想像することができないため、「おいしそうだなぁ」と思うことができないので要注意です。

そこで皆さんに活用していただきたいのが、「お客様が知っている香り」を借りてくるという手法。

『お客様が知っている香り』で表してみよう!

「メープルシロップのような、甘く豊かな匂い」、「レモンのようなさわやかな香り」というように、お客様が知っている香りを借りて「○○のような香り」と表現するのです。想像できる香りを持ってくることで、お客様がその食べ物をイメージする手助けをするというわけですね。

ある定食屋さんでは、鍋で炊いたごはんがとても人気。

おせんべいのような香ばしさのある“ごはん”をお出しします

ごはんの香りをそんなふうに表現しています。

「香ばしいごはん」と言うだけでは、ちょっと抽象的でイメージがつかみにくいですが、「おせんべいのような」というひと言を加えることでとても具体的になりました。

ある「インスタントのお吸い物」は、この手法を応用してこんな表現をしていました。

一流料亭で出されるお吸い物のような、上品な香りです

豊かで、品があって、味わい深くて……と言葉を連ねるよりも、「一流料亭のような」というひと言のほうが、お客様の想像をかき立てますよね。

◎「香りをかいだらこうなった」――リアクションを描こう！

面白いところでは、〝香り〟そのものを描かないという表現方法もあります。描くのは、その香りをかいだ人の「リアクション」。香りをかいだ人が、どのような反応や行動を起こすかということを描いてみるのです。

たとえば、あるホットココアの売り文句は、

ほっとする香りです。ホットココアはいかがですか？

というものでした。ホットココアの香りって、なんだかほっとする雰囲気がありますよね。それを香りの表現に使ったのです。

また、ある〝揚げパン〟のＰＯＰには、こんな言葉が書かれていました。

小学校時代を思い出す、このやわらかな匂い

小学校の給食に揚げパンが出ていた方は、記憶が蘇ったのではないでしょうか？　昔懐かしい匂いが想像できますよね。

サンマを産地直送で販売しているネットショップでは、炭火でサンマを焼いている写真にこんな言葉をつけ加えています。

白いご飯が欲しくなる、うまそうな匂いがするんですよ、これが

画面から、脂ののったサンマが焼ける匂いがしてきそうですよね。

こんなふうに「〝香り〟をかいだ人がどんな反応をするか」ということを描くと、〝香り〟がより具体的に想像できるようになるのです。

文章を読むお客様に想像してもらうこと、それが〝香り〟を伝えるための最善の策です。お客様の想像力をフルに発揮してもらうために、〝香り〟の周りの情報をつけ加えて表現してみましょう。きっと、よい香りがさらに引き立ちますよ！

香りをかいだ時のリアクションで、おいしさを伝えよう！

5 おいしさを増す「音」を使おう！

◎音を描くと、柔らかい雰囲気に

「長時間煮込んだ牛すね肉スープにたっぷりの野菜を入れ、しっかりと味が染み込むまで煮込んだポトフです」

これはある洋食屋さんで出している「ポトフ」の紹介文です。

しっかり説明できているのですが、この紹介文を書いた店長さんは、ちょっと説明的になりすぎていることがお気に召さないようです。

たしかに、あまりに説明的すぎると、「何だか難しいことが書いてありそう」とお客様に敬遠され、紹介文を読んでいただけない可能性も出てきてしまいます。

そこでお客様に読んでもらいやすくするため、〝音〟を描いてみることにしました。

コトコト、コトコト……長時間煮込んだ牛すね肉スープにたっぷりの野菜を入れ、しっかりと味が染み込むまで煮込んだポトフです

どうでしょう？　雰囲気が柔らかくなった感じがしませんか？

「コトコト」という音が描かれたおかげで説明文が詩のような雰囲気を持つようになりました。

実際、「その場の音を入れる」のは詩を書く時の文章テクニックの一つになっています。情景を表わすのに、〝音〟は欠かせない要素なんですね。

ポトフやシチューの「コトコト」。

おでんやキムチ鍋などの「ぐつぐつ」。

朝ご飯を作る時の「トントントン」。

トンカツを油の中に入れる「ジュワーっ」。

料理を作る時のおいしそうな〝音〟は、お客様に「おいしそう！」というイメージを持ってもらうのにうってつけのものなんです！

コトコト…コトコト…
牛すね肉スープで
長時間しっかりと
味をしみこませた
ポトフ
W.Y
おいしい"音"を描く！

◎食べる瞬間の〝音〟は、おいしそう

「料理を作る時の音」と同様に、「料理を食べる瞬間の音」も「おいしそう！」と思ってもらうのに役立ちます。

たとえば、焼肉屋さんの「ジュー」っという音を聞いたら、お肉が食べたくなってしまいますよね？

ある焼肉店の店頭には、タレの染み込んだおいしそうなお肉がまさに網の上に置かれる瞬間の写真が置いてあります。

大きく引き伸ばされたその写真に書かれているキャッチコピーは、

ジュワー

というお肉が焼ける〝音〟。

その他には何の説明もないのですが、この

中華おこげにあんがかかる〝おいしそうな音〟

音が肉を焼いた時の匂いや、食べた時の味までなぜか思い出させるんです。その味や匂いを思い出してしまったら……つい、お店に入ってしまうのも無理はないですよね？

食べる時のおいしそうな音をうまく使っている例は他にもあります。

食べる瞬間の音をウリにしている食べ物の代表格といえば、「中華おこげ」がありますね。

ある中華料理店では、「パーティメニュー」を紹介するホームページを開くと、「おこげにトロリとしたあんがかかる瞬間の〝音〟」が流れるようになっています。

中華おこげの〝音〟は、「おおーっ！」という歓声で場を盛り上げるのに一役買うため、パーティには重宝する食べ物なんですね。

あんのかかった瞬間の「ジュワー」っという音を聞いたら、「パーティの席に面白いかも」と想像できますよね。

料理を作る時の音。

料理を食べる時の音。

それらは「おいしそうだなぁ」というイメージを膨らませてくれるのです！

◎〝音〟が作り出している、お店の雰囲気

〝音〟と言えば、もう一つ重要な〝音〟があります。

それは「お店の〝音〟」。

たとえば、店内に流れるＢＧＭ、あれはお店のイメージをつくるのにとても重要な役割を担っています。

70年代のアメリカンポップスが流れるハンバーガー屋さんと聞けば、本格的なアメリカンハンバーガーがイメージできますよね。琴の音色が美しい料亭と聞けば、上品な日本料理店が想像できます。

お店に流れる音というものは、イメージに重要な影響を与えます。

音楽でなく、「自然の音」をアピールすることもできるでしょう。

京都の川床は、床下を流れる清流の音も醍醐味の一つ。サラサラと流れる清流の音を聞きながら京料理を食べるなんて、とても贅沢ですよね。

逆に「音がまったく聞こえない」ことをウリにしているお店もあります。ある高原のレストランでは、「都会の喧騒を離れ、余計な音がまったく聞こえないレストランにいらっしゃいませんか？」と誘っています。

これもまた〝音〟を上手に利用した例ですね。

店内に流れるBGMも、重要な「音」

店員さんの〝声〟も、実はお店のイメージを形作る重要な要素の一つです。

身近なところでは居酒屋チェーンの「はい、喜んで！」という威勢のいい声がありますね。あの声は居酒屋の雑多な雰囲気とマッチして活気を感じさせます。

イタリアの下町をイメージした、とあるレストランでは、入店してきたお客様に「ボナセーラ！」とラテン語であいさつする決まりになっています。あれもお店の雰囲気をとてもいいものにしています。

一度来店してくれたお客様にダイレクトメールを送る時など、そのような「お店の音」を書き入れてみてはいかがでしょう。お客様がその〝音〟を思い出す時、きっとお店の雰囲気も鮮明に思い出してくれるはずです！

6 食感を〝擬音〟で伝えよう！

◎〝食感〟を書くとおいしそう！

大根と水菜に梅ドレッシングなどを和えたサラダの名前、「大根と水菜のサラダ」ではなく、「大根と水菜のシャキシャキサラダ」と書かれているのをよく目にしませんか？

「大根と水菜のサラダ」と「大根と水菜のシャキシャキサラダ」。

これらの違いは、「シャキシャキ」という〝食感〟が描いてあるかどうかだけ。それだけの違いなのに、〝食感〟が書いてあるほうが何だかおいしそうな感じがしませんか？

〝おいしさ〟を形作る要素は、なにも〝味〟や〝香り〟だけではありません。大根と水菜のサラダのように、その〝食感〟が非常に大切なメニューもあります。

〝食感〟は味や香りよりも記憶に残りやすいものだとも言われています。

「おいしそう」と思ってもらうためには、それを食べた時を想像してもらうのが一番。

〝食感〟を描くと、お客様はそれを食べた時の記憶を思い出すので、より具体的に食べ物のイメージを想像してもらうことができるのです。

そのため、「水菜のサラダ」よりも「シャキシャキ水菜のサラダ」のほうがおいしそうに思えてくるというわけですね。

特に私たち日本人は「シャキシャキ」、「とろ～り」、「ほくほく」のような〝食感〟を表わす「擬音」をたくさん持っています。

「新鮮で歯ごたえがよく、みずみずしい」と言葉を連ねなくても、「シャキシャキ」という言葉だけで何となく伝わってしまう、それが擬音を使うメリットです。

ふんわり食パン、サクサククロワッサン、カリカリフランスパン、もちもちベーグル、とろ～りカマンベールチーズパン、パリふわカレーパン……どうでしょう？　どれも〝食感〟のイメージがわかるように思いませんか？

水菜と大根の
シャキシャキサラダ
とろ～り
たこ焼き
おいしそ～
ほくほく
石焼きいも
おいしい食感を"擬音"で伝えよう！

◎商品名・紹介文に〝擬音〟があれば説明いらず

「シャキシャキ水菜サラダ」、「ふんわり食パン」のように、〝食感〟を表わす言葉はよく「商品名」の中で使われています。

商品名の中に〝食感〟を表わす言葉を入れておけば、いちいち商品の説明をしなくても何となくイメージをつかんでもらえるので、とても効果的。

あるピザ屋さんでは、ふんわりとしたパン生地のピザを「ふんわりピザ」、パリパリのクリスピー生地のピザを「パリパリピザ」とメニューに書いていました。

こうしておけば、クリスピー生地というものがどんなものか知らないお年寄りやお子さんにもイメージしてもらいやすいですよね。

〝食感〟を表わす擬音を入れるといいのは、「商品名」だけではありません。

ＰＯＰなどに載せる「商品紹介文」にも〝食感〟を書いておくと、お客様にイメージが伝わりやすいのでオススメです。

たとえば、スーパーに並べられている「おとうふ」は、それぞれ独特な〝食感〟を持っています。しかしながら、店頭ではパックに詰められているため、その〝食感〟がどうしても伝わりにくいのです。

そんな時、商品ＰＯＰに

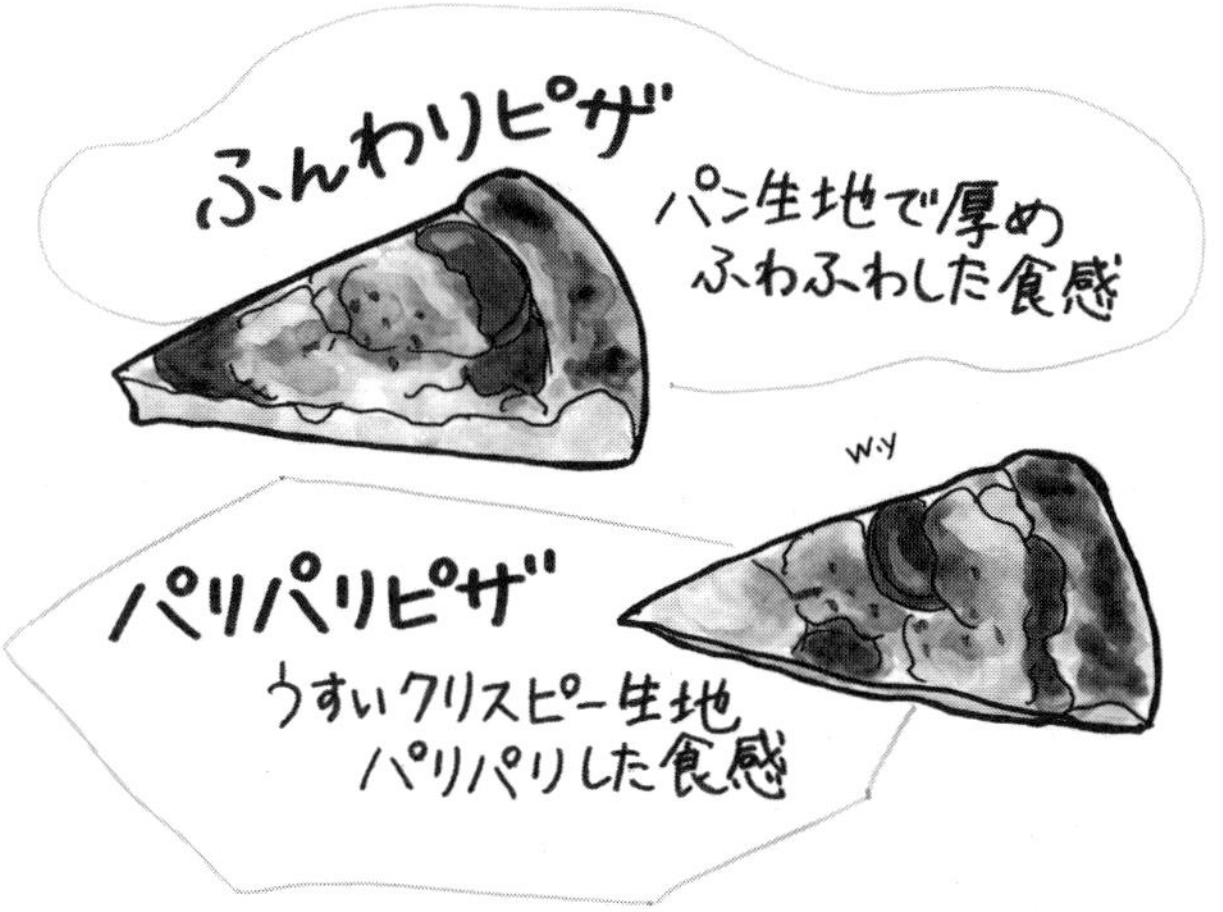
ふんわりピザ
パン生地で厚め
ふわふわした食感
W.Y
パリパリピザ
うすいクリスピー生地
パリパリした食感

流雲とうふ……スプーンで食べる〝トロトロとうふ〟。にがりで固めすぎていないから、豆本来の甘さがよくわかる豆腐です

と〝食感〟が書かれていたらどうでしょう? これならば、このおとうふの持つトロトロ感が伝わりますよね。

商品名は変えられなくても、「紹介文」の中で〝食感〟を表わせば、お客様にイメージをつかんでもらうことができます。

メニューブックの紹介文や、POP、店頭のカンバンなど、〝食感〟を書くチャンスはたくさんあります。さまざまな場面で〝食感〟をお客様に伝えていきましょう!

◎対比させる、理由を書く

二つ以上の〝食感〟が同時に楽しめる食べ物の場合、その二つを対比させて並べると面白い表現になります。

たとえば、こんな感じ。

伊豆高原サラダ……「ぷりぷりエビ」と、「大きめサクサク自家製クルトン」のハーモニーがおいしいサラダです

「ぷりぷり」と「サクサク」という異なる二つの〝食感〟をあえて並べて書くことで、このサラダの特徴的な〝食感〟をうまく伝えることができていますね。

よくクリームコロッケなどに使われる、「外はサクサク、中はとろ〜り」という表現も、同じように対比をさせて、特徴をアピー

ぷりぷりエビと
大きめサクサククルトンの
ハーモニーがおいしい
サラダです
W.Y

ルするために使われています。

異なる〝食感〟を持つ食べ物なら、ぜひその二つを並べて表現してみましょう!

なお、食感をアピールする際は「なぜその食感が生まれるのか?」という説明を加えると、より一層おいしそうなイメージが伝わります。

「ホクホクのポテトサラダです」と言うだけでも、その〝食感〟は伝わりますが、

獲れたばかりの新じゃがを使っているので、ホクホクのポテトサラダに仕上がっています

と〝食感が生まれる理由〟を合わせて伝えたほうが、より理解が深まりますね。

あの「新じゃが特有のホクホク感」を想像するため、よりおいしそうなイメージが広がってくるはずです。

商品名でも、紹介文でも、そこに〝食感を表わす擬音〟が入っていることで、イメージはより具体的なものになってきます。

イメージがより具体的になればなるほど、その〝おいしさ〟への期待感は高まってくるもの。

〝食感〟に特徴がある食べ物なら、そこを十分にアピールしていきましょう!

4章

“こだわり”を上手に伝えよう！

① 商品の価値を上げる「テマヒマリーフレット」を作ろう！
② 家庭でできない“プロ調理”をウリにする
③ 素材のよさは「他との違い」でアピール！
④「安心」、「安全」だから何？

あなたのその料理の味……素人さんがカンタンに出せる味ではありませんよね？

きっと、厳選した素材を使って、プロの技と手間をかけて作るからこそ出せる味がそこにはあるはず。

でも、その料理に秘められた“こだわり”をちゃんと伝えることができていますか？

“こだわり”をこうやって伝えれば、その価値は何倍にも高まるのです！

商品の価値を上げる「テマヒマリーフレット」を作ろう！

◎〝テマヒマ〟は伝えなければ伝わらない！

あなたがお店で出しているそのお料理、誰もがカンタンに短時間で作れるものではないですよね？　きっと時間や手間のかかる料理だと思います。では、〝テマヒマ〟がかかっている料理だということはちゃんとお客様にアピールできているでしょうか？

実は、せっかくかけた〝テマヒマ〟がお客様にうまく伝わっていないことって多いんです。何時間もかけて煮込んだソースでも、そのことをお客様にちゃんと伝えないとわかってもらえないことも多いもの。それではあまりにもったいないですよね？

ある洋食屋さんも、同じようなことで悩んでいました。

この洋食屋さんは「一般のお店の倍以上の時間をかけてじっくり煮込んで作るデミグラスソース」が〝ウリ〟でした。長い時間と多くの手間がかかる貴重なソースだということをお客さまにわかってもらおうと、チラシやメニューに「じっくり煮込んだデミグラスソースです」と添え書きをしていました。

ですが、それがどうもちゃんとお客様に伝わっていない様子……。

「せっかく〝テマヒマ〟かけて作った料理なのに、それをお客様にわかってもらえない」「時間と手間がかかっていることを知ってもらえれば、この料理の価値も上がるのに」

実は、このお店と同じように「じっくり煮込みました」というようなことをチラシに書いているお店は少なくありません。レトルト食品やファミリーレストランでも同じような言葉を使っています。そのため、言葉が軽く受け取られてしまったのでしょう。

「じっくり煮込みました」とひと言伝えただけでは、その〝価値〟をお客様にわかってもらえない――そう考えた店長さんは、1枚のリーフレットを作りました。

商品にかけた
〝テマヒマ〟
ちゃんと伝えられていますか？
コトコト…
弱火でじっくり1週間!!
W.Y

◎注文される品が変わった！　注文した後も変わった！

それが「テマヒマリーフレット」です！

Ａ４サイズの紙に書かれていたのは、「その店のデミグラスソースの作り方」。

当店自慢のデミグラスソースは牛スジ肉とたっぷりの野菜を使い、１週間かけて煮込んでいます！

写真つきで丁寧に説明されたそのリーフレットを見ると、この店のデミグラスソースがどれだけ手の込んだものなのかがとてもよくわかります。さすがに〝企業秘密〟の部分までは書いてありませんが、野菜やお肉が煮込まれていく様子がわかるようになっています。

ソースをストレートに味わえる
ビーフシチュー
はんじゅく卵の上からソースたっぷり
オムライス
肉汁とソースがまざり合う
ハンバーグ
W.Y
テマヒマかかったデミグラスソースが大人気に！

そのリーフレットをテーブルのメニュー立てに置いたところ、まず「注文される品」が変わりました。お客様のほとんどが、デミグラスソースを使ったハンバーグ、ビーフシチュー、オムライスなどを注文するようになったのです。

これはまさに狙い通り。そのソースの〝価値〟を知ってくれたお客様が、「じゃあ、それを試してみよう」と注文してくれるようになったのです！

面白いことに、注文をした〝後〟にも変化が見られました。頼んだ料理がテーブルに運ばれて来るまでの間、ごく自然にお客様がそのデミグラスソースの話をするようになったのです。

「どんな料理が来るのかしら？　楽しみね」

料理への期待は、当然高まります。そして出てくるのは、その期待を裏切らないおいしさの料理。

「あそこのデミグラスソース、すごいのよ」

「ホントにすごくテマヒマかけて作ってるって感じがする」

料理を味わったお客様が、お友達や同僚にその話をするのもごく自然なことでした。

「あの店はとても本格的なデミグラスソースを作るお店だ」と、クチコミがどんどん広まっていったのです。

◎料理にかけた〝想い〟を伝える最良の手段

このように商品にかけた〝テマヒマ〟をちゃんと伝えると、お客様にとっての「商品の価値」は2倍にも3倍にも上がります。

この手法はレストラン以外でも、たとえばパン屋さんなどでも使えますね。

そのお店が「自然素材にこだわって天然酵母で作ったパンを出しているお店」だったとしましょう。でも、それをそのまま伝えたとしても、お客様にはピンとこないかもしれません。そこで、パンを作るために天然酵母をおこす理由や手順などを詳しく説明してみたらどうでしょう。

〝おいしさ〟と〝あなたの健康〟を考えると、やっぱり「天然酵母」を使いたい！ そのために当店はテマヒマかけて天然酵母をおこしています

天然酵母を使ってパンを作るのはちょっとタイヘン。たとえば、こんな手順を踏むんです。でもこの手間が、おいしい、おいしいパンを生み出すのです！

〝テマヒマ〟をかける理由や、その手順を詳しく説明してもらったら「こんなにテマヒマかけて作られているんだなぁ」、「それじゃあ、きっとおいしいんだろうなぁ」と、お客様のパンを見る目が変わることは間違いありません。

あなたのお店の商品にかかっている〝テマヒマ〟も、お客様にはそのスゴさが正しく伝わっていないかもしれません。それはとってももったいないこと。

でも、ちゃんと表現すれば、お客様もその〝価値〟を正しく認めてくれるはず！　料理のおいしさもきっとアップするでしょう。

お客様のために、おいしくするために、せっかくかけている〝テマヒマ〟をちょっと詳しく説明してみませんか？

「テマヒマリーフレット」は、あなたがその料理にかけた〝想い〟をちゃんと伝えるためにとっても有効な手段なのです！

料理にかけた〝テマヒマ〟を知ると
おいしさが増すのです。
w.y

2 家庭でできない〝プロ調理〟をウリにする

◎「調理器具」でプロらしさをアピール

とんかつ屋さんが低温・高温と揚げ鍋を二つ用意して〝二度揚げ〟をすると、中はジューシーで、外はサクッとした味わいのとんかつができあがります。

そんな手間のかかる、家庭でやる機会の少ない「プロの技」は、おいしさをアピールする時の強力な武器になります。

と言っても、プロの技術を一つひとつ説明していったら、一般のお客様にはちょっと難しい話になってしまうかもしれません。〝プロならではのすごさ〟は、一般の方にもわかりやすく説明しなくてはならないのです。

そこでオススメなのが、プロが使う〝調理器具〟を使ったアピール。

多くの道具の中からプロが選び出す道具は、「本格的」であることをアピールするのに絶好の材料となります。

たとえば、ギョーザのネットショップに、作成中の様子をビデオカメラで撮影し、ホー

“ギョーザのプロ”の道具
皮を薄くのばす道具
あんを詰めるヘラ
厚手の鉄鍋
ギョーザ返し
W.Y
“プロ”が使う調理道具でアピール!

ムページに掲載しているお店があります。

表通りから見えるように、ショーウィンドウの中で調理パフォーマンスを見せているお店をご覧になったことがあると思いますが、ホームページにもあのショーウィンドウをつけたというわけです。

しかし、ちまちまとギョーザを作っているだけの様子なら、それほど面白い映像にはならないでしょう。

この映像が面白いのは、おそらく家庭では使われることのない〝巨大な中華包丁〟を軽やかに使って、どんどんギョーザが作られていく様子にあります。

そんなプロならではの道具を使っている様子を見ると、「このお店のギョーザはきっと本格的だろう」と思えてきます。

◎〝面倒なコト〟は絶好のアピールポイント！

プロのすごさをわかってもらうためだからと言って、「一般の人が想像もつかない技術」を語ってしまったら効果が望めません。想像がつかないと、何がどのくらいすごいのかがわからないのです。

プロがどれだけ技術や手間をかけているのかをわかりやすく伝えるには、あえて「普通の人にもできること」をアピールしてみるといいでしょう。

ただし、「実際に家庭でやろうとすると、とても手間がかかり、面倒くさいこと」をアピールするのが大切です。

ごはんがおいしいと評判の定食屋さんでは、その店で実際にやっている「ごはんの炊き方」をパンフレットやホームページで明かしています。

その通りにやれば普段よりおいしく炊き上がる炊き方で、その店の〝企業秘密〟とも言える情報です。しかし、この店の炊き方を実際に家庭でやろうとすると、とても手間がかかり、面倒くさい――つまり、実際に家庭でやるのは難しいのです。

これによって「それだけの手間がかかっているからこそ、おいしいご飯が炊けるのだ」ということが、お客様にも伝わりました。そして、多くの人が「おいしいごはんが食べたかったら、あの定食屋に行こう」と考えるようになったのです。

ごはんを炊くという、普通の人もするような行動をアピールすることで、そこにプロの技術と手間が隠されているということを伝えるのに成功したわけですね。

「生地ができたら、冷蔵庫で3日間寝かせる」といった、時間が必要なこと。

「6時間つきっきりでアクを取り除く作業をする」といった、根気が必要なこと。

「普通のラザニアの倍の回数、生地と具を重ねていく」といった、手間のかかること。

「アジの小骨を一本も残さずに骨抜きで抜いていく」といった細かい作業が必要なこと——など。

そんな「プロならではの仕事」をアピールしていくと、お客様から「あそこは一味違う」という評判が得られるようになるのです！

“プロの技”を使うからこそ、おいしいごはんが炊ける

◎〝知識や経験のあるプロ〟とわかってもらおう

〝プロならでは〟をアピールするためには、お店が持っている知識や経験をアピールするというやり方も効果的です。

たとえば、ここに二つのワインショップがあるとします。

一つは、「ワインについてよく知っている人がやっているお店」。そしてもう一つは「ワインについてあまり知識のない人がやっているお店」です。

あなたがワインを買うとしたら、どちらのお店に行きたいでしょうか？

きっと「ワインについてよく知っている人のお店」ではないでしょうか。知識や経験が豊富な店長さんがやっているお店のほうが、

ワインの知識や経験をお客様に向けて披露！

よりおいしいワイン、より珍しいワインが取り揃えてありそうという期待が持てますよね。

そのように、商品について豊富な知識や経験があるということは、「販売のプロ」としての信頼や期待につながります。しかし、お店がどのくらいの知識や経験を持っているのかは、お客様にはわかりません。

そこでオススメしたいのが「情報のおすそわけ」です。

あなたやスタッフの皆さんが持っている知識や経験をお客様に分けていくのです。

あるワインショップでは、毎月、2～3本のワインを取り上げ、そのワインの特長やおいしい飲み方を説明し、お客様がそれを聞きながらワインを試飲するという会を開いています。

この会を開くことで、お店側はワインに関する知識や経験をお客様に向けて披露することができるようになり、お客様はワインをより深く楽しむことができるようになりました。

この会の様子はチラシにも載せ、マスコミ向けのプレスリリースにも活用していきました。その結果、この店は「ワインをよく知っている店」という評判を得ることに成功したのです。

プロならではの道具、ワザ、知識と経験。それらを上手にアピールして「さすがはプロだ！」という評判をゲットしていきましょう！

素材のよさは「他との違い」でアピール！

3

◎何にこだわって、それを選んだ？

たくさんの素材の中から、「これぞ！」というものを選び出した。

遠くにある農家と一所懸命に交渉し、やっと契約が結べた。

こだわって選び抜いた〝素材〟を使っているのなら、それをちゃんとアピールしていきたいですよね。

そんな時、

「素材にこだわっています」

「厳選素材を使っています」

という〝よくあるアピール〟ではもったいない！　せっかく素材を吟味しているのに、アピールの仕方がありきたりでは素材が泣いてしまいます。

その素材が厳しく選びぬかれたものであることをアピールするには、「選んだ理由」を書き添えるのがコツです。

たとえば、〝お肉にこだわった〟ハンバーグの説明が「厳選したお肉だけを使っています」という一言のみでは、残念ながら、どんなハンバーグなのかがイマイチ見えてきません。

そこで「どこにこだわって厳選したのか？」、そして「厳選した結果、どうなったか？」を描いてみましょう！

厳選したお肉だけを使っています——赤身のおいしい短角牛の味を活かすため、豚肉は脂のおいしい十勝豚を選びました。ジューシーでいて、肉本来の赤身の旨みが味わえるハンバーグです。ぜひこの名コンビを味わってみてください！

どうでしょう？　これならこだわって選び抜いたことがお客様にも伝わりますよね？

素材のこだわり、お客様に伝わっていますか？

◎「価値をプラスするキーワード」には、ちょっとした説明を

素材のよさを上手に伝えるために「今朝、採れたばかりのレタスです」、「非常に入手困難な鴨肉です」といった、〝価値をプラスするキーワード〟を頭につけて表現することがよくあります。

このような文章を見て、お客様が

「今朝、採ったばかりのレタスなら、きっとおいしいに違いない!」

「入手困難な鴨肉と言うくらいだから、ビックリするほどうまいだろう」

と勝手に想像して、「それ、いいなぁ」、「それ食べたい!」と思ってくれればいいのですが、そんなにうまくいくことばかりではありません。

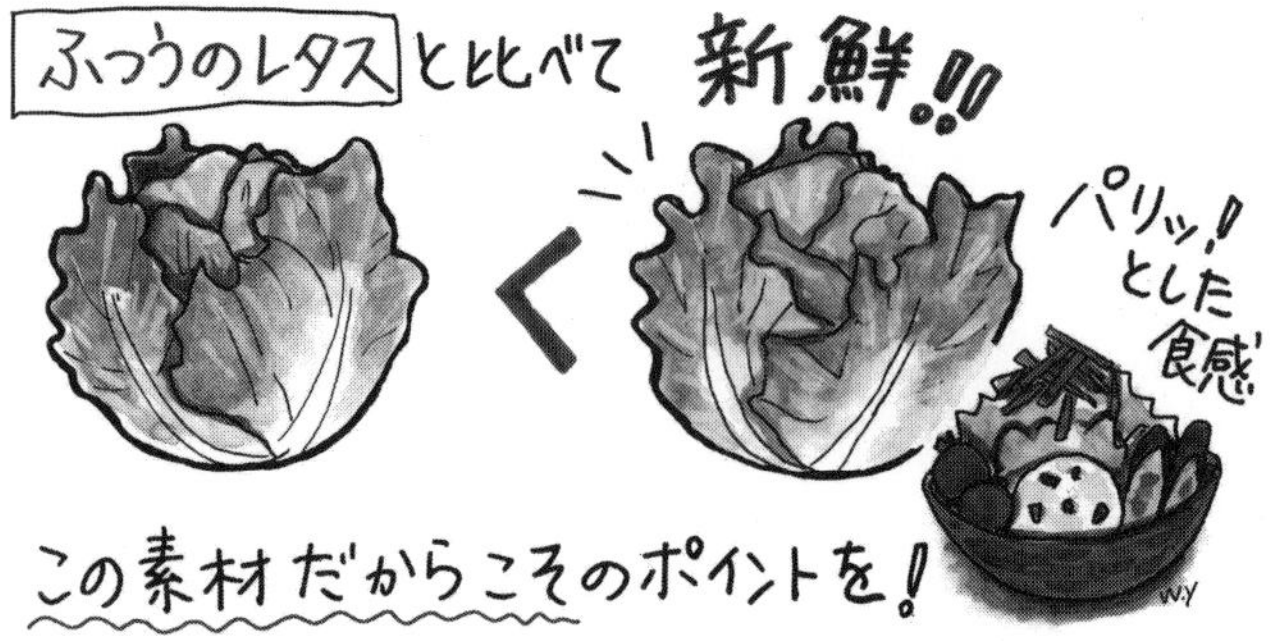

ふつうのレタス
と比べて
新鮮!!!
パリッ!とした食感
この素材だからこそのポイントを!
W.Y

何となく「へぇ」と受け流されてしまうこともしばしば……。

そこで、素材のよさをちゃんとお客様にわかってもらうために、その素材を〝普通のモノ〟と比べてアピールしてみることをオススメします!


今朝、採れたばかりのレタスです。ホントに新鮮でなければ聞けない〝パリッ!〟というあの音を聞いてみてください

非常に入手困難な鴨肉です。普通の鴨肉よりも野性味のある味わいが人気の理由

音、味、香り、色、食感などを、あえて普通のモノと比較をして表現してみると、その素材のよさがお客様にもわかりやすくなります。

「新鮮な○○」、「特別な○○」、「生産者の顔が見える○○」、「有機栽培の○○」、「期間限定の○○」……など、あなたも価値をプラスするキーワードで表現することは少なくないでしょう。

その時、〝特別な素材〟は普通のモノとはどう違うのかを具体的に表現してみてください!

「特別だから、特別なんだ!」と言うだけではお客様にはまったく伝わりません……。

〝特別な素材だからこそのポイント〟をキチンとアピールしていきましょう!

◎この産地のモノはなぜおいしい？

素材のよさをアピールするのに、「北海道バター」、「松阪牛」といったように〝産地〟を書いてアピールするケースもあります。しかし、さほど有名ではない産地の場合、ただ地名を書いただけで売れ行きがよくなることは、あまりないでしょう。

そこでお客様に選ばれるようにするために、産地表示をするとともに、「この地域でとれたものは、こういう特徴があります」と特色をアピールしていきましょう！

産地名の書かれたシールをパッケージに貼るだけではなく、

○○産のトマトは酸味が強いので、煮込み料理にとっても合います

○○産のりんごワインは甘く、デザートワインとして珍重されています

と、「○○産のものは、こんな特徴があります」とPOPなどを使ってアピールしていくことが大切です。

また、今、「地産地消」という言葉の下、「地元の○○」が見直されてきていますね。

この場合も、「地元でとれた」ということだけでなく、「地元でとれたものだから、こんなところがよい」というポイントをアピールしていくといいでしょう。

あるスーパーでは、地元産牛乳のキャンペーン時にこんなPOPを貼り出しました。

牛乳は長く揺られているとバターになってコクが失われてしまいます。トラックで長距離輸送された牛乳より、地元の牛乳がおいしいのにはそんな理由があったのです！

ただ、「地元産の牛乳です」と書かれているよりも、このように「○○だから地元産の牛乳はおいしい」と書かれているほうが印象に残ります。それに納得して買うことができますよね。

産地を使ってアピールする時には、「○○だから、この地域のモノはおいしいんですよ」と一言加えてみてはいかがでしょうか？

地元産の牛乳はおいしい。!!
牛乳はトラックで長距離輸送すると、コクが失われてしまうのです…。
産地の近い地元の牛乳はコクがありますよ!!
おだやか牧場牛乳
牛乳
W.Y

4

「安心」、「安全」だから何？

◎「無添加で安心なケーキです」では、伝わりません！

〝安全〟や〝安心〟のメッセージがあるお店、多くなってきましたね。あなたのお店でも〝安心〟、〝安全〟が特長という食品を扱っているのではないでしょうか？

でも、同じように〝安全〟、〝安心〟をウリにしたお店がたくさんあるため、「安心です」、「安全です」と言うだけでは、他店との差別化は難しくなってしまいました。ネットショップにさえ、無添加を売りにした食品がたくさんあるのですから。

あるケーキ屋さんも同じような悩みを抱えていた一人でした。このケーキ屋さんでは、安全な素材だけを厳選して、体にやさしいものを提供しています。ケーキにも余計な添加物は入っていません。でも、イマイチお客様の反応がよくなかったのです。

「安全をアピールするメッセージ」はお店のチラシやPOPなどさまざまな所に書かれていましたが、それがどうもうまく伝わっていないようで、このお店が無添加にこだわっているということを知らないお客さんもいたほどでした。

「安全な素材にこだわり、一つひとつ手作りしたケーキです」

「保存料、添加物、香料は一切使用しておりません」

このような言葉、多くのお店で見かけますよね。しかし、見慣れすぎているためか、お客様はそのメッセージを重く受け止めてはくれないのです。

「無添加や安全な食材にこだわっているということをわかってもらえれば、もっとうちの商品の価値を認めてもらえると思うのですが……一体どうすればいいでしょうか?」

そこで、なぜ無添加にこだわっているのかをご主人に聞いてみたところ、こんな言葉が出てきたのです。

『安心』『安全』だけでは、アピールにならないんです。

◎「あの人のために」——安全・安心の裏の〝想い〟を伝える

「ウチは子供がいるので、食べ物の保存料などには気を使っているんです。味も変わっちゃいますしね。手作りの本来のケーキを味わってほしいと思ったんです。小さな子供が毎日でも安心して食べられて、保存料の余計な味がしない手作りのおやつがあったらいいんじゃないかと思ったのがキッカケです」

このご主人の言葉が、突破口となりました。チラシやＰＯＰにはこれまで「安全です」、「安心です」という〝決まり文句〟だけしか載せていませんでしたが、その裏にはご主人の〝想い〟が隠れていたのです。

その想いを、こんな文章で表現してみました。

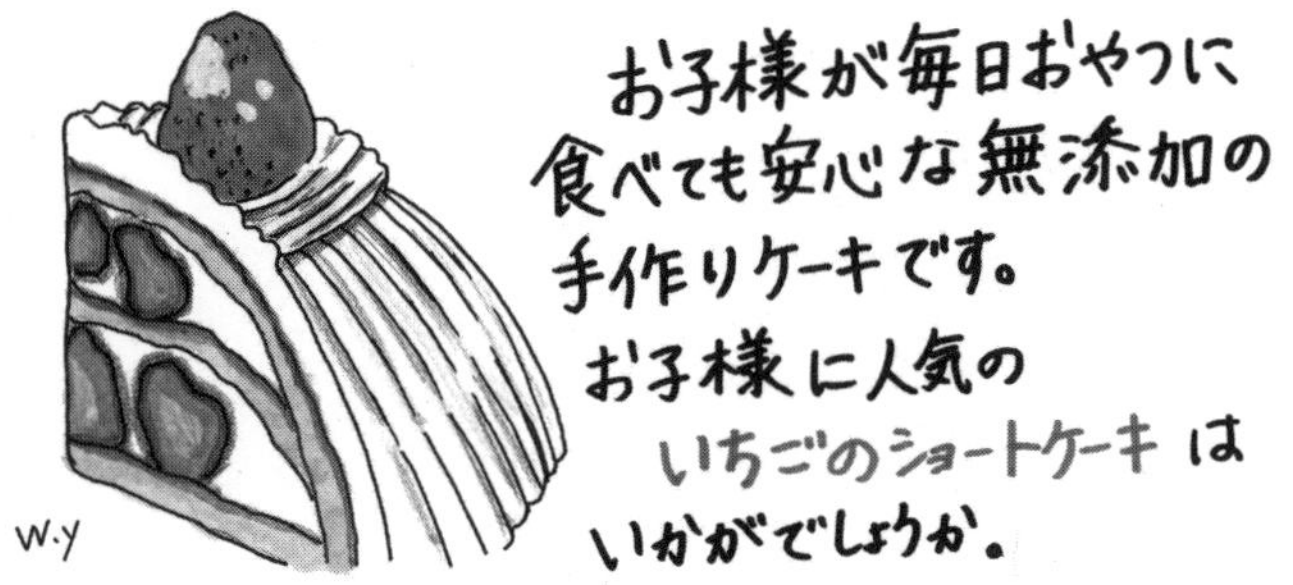
W.Y
お子様が毎日おやつに
食べても安心な無添加の
手作りケーキです。
お子様に人気の
いちごのショートケーキ は
いかがでしょうか。

お子様が毎日おやつに食べても安心な、無添加のケーキです

ひとつひとつ手作りをしたケーキです。保存料は入っておりませんので、素材本来のやさしい風味がしっかり味わえます

このような言葉にしたところ、お客様からの反応が変わりました。

「無添加ケーキなら、子供のおやつにもいいわね。コンビニみたいなところのお菓子は心配で……」、「保存料が入ってないからここのケーキは風味がいいのねぇ。理由がわかったわ」。そんな声を聞くことができるようになったのです。

同じケーキで、こんなアピールもしてみました。

添加物などを使っていませんので、妊婦さんの体にやさしいケーキです

このような〝安心〟、〝安全〟を伝えれば、ケーキが食べたい妊婦さんは、他のお店ではなくこのお店のケーキを選びたいと思うのではないでしょうか。

妊婦さんのご家族や、妊婦さんにおいしいお土産に持っていきたいという方にも「このお店のケーキだったら、安心だな」と思ってもらえる、絶好のアピールとなります！

◎安心です……だから？　自問自答してみましょう！

うちの商品は、安全な食材を使っています。

うちの商品は、安心して食べられます。

そう言っただけでは、お客様にその〝価値〟がちゃんと伝わらないかも知れません。

そこで、

「安心です！」――「だから？」

「安全な素材を使っています！」――「それで？」

と自問してみましょう。

そうすれば、

「安心して食べられるから、○○にいいですよ！」

「安全な素材を使っているから、○○さんに食べさせてください」

と具体的なアピールを考えることができるようになります。

具体的なポイントを挙げてアピールできれば、お客様にしっかり〝安心〟、〝安全〟の意味を理解してもらうことができますよね。

「安心です」、「安全です」と言っただけでは伝わらないことがあります。

あなたのお店の商品は、〝安全〟だから何がいいのでしょうか？

〝安心〟して食べられるから、誰にどんな利点があるのでしょうか？

ぜひ、そのことを考えてみてください。そうすることで、あなたがなぜ安心な食べ物、安全な食べ物を作っているのかがお客様に伝わるようになります。その食べ物が誰のために作られ、どんな意味があるのかがお客様にわかってもらえるようになります。

そうすれば、ただ何となく「安全です」、「安心です」と〝決まり文句〟のように言っているだけのお店とは差別化ができるようになるはず。

ぜひ、あなたが考える〝安心〟、〝安全〟をアピールしてみてください！

5章

ターゲットはこうして決めよう！

① 「それ食べたい！」そんな人にアピール！
② 「ご新規さん」と「リピーターさん」、アピールの仕方に違いを！
③ ターゲットは「お連れ様」！
④ 「誰のために買う？」――買う人と食べる人が違う時

同じチョコレートケーキをアピールするのでも、
①「ケーキの食べ歩きが大好きなＯＬさん」と
②「ケーキを食べなれていないおじいちゃん」とでは、オススメする時の言葉は変わってきますね？
③「会社におみやげとして買って行きたい男性」にオススメするのなら、またちょっと違ったアピールが必要かも。
あなたは“誰に”アピールをしますか？

「それ食べたい！」そんな人にアピール！

◎日本酒にケーキ？　紅茶に刺身？

日本酒を飲んでいる人にショートケーキを勧めても、食べてもらえる確率は低いでしょう。紅茶を飲んでいる人にお刺身を勧めても、喜んでもらえることはないでしょう。

では、それぞれを逆にして日本酒を飲んでいる人にお刺身を、紅茶を飲んでいる人にケーキを勧めたらどうでしょうか？　今度は喜んでもらえそうですよね。

それを食べたいと思っている人に向けてアピールをする――つい忘れてしまいがちですが、商品やお店のアピールをする時にとても大事なポイントです。

あるジャム屋さんでは、〝関連オススメPOP〟という面白いPOP広告を作っています。

この店のジャムに貼られているのは、2枚一組のPOP。1枚はジャムを紹介するPOP。もう1枚は、「このジャムと一緒に食べるとおいしいモノ」のPOPです。

たとえば、木苺のジャムだったら、一緒に食べるとおいしいクリームチーズが紹介されています。

あなたが木苺のジャムを買ったとしたら、クリームチーズもちょっと気になりませんか？関連する商品を紹介するようになって、この店の売上構成は大きく変わりました。クラッカーやチーズなど関連商品の売上が伸びてきたのです。

クラッカーやチーズをただ店内に置いておくだけでは、お客様の目に留まらないかもしれません。しかしこのように「このジャムには、コレが合いますよ」とアピールすることで、「だったら試してみようかな」と思わせることができたのです！

「木苺ジャムと一緒に食べるとおいしいモノ」が欲しい人は、木苺ジャムを買った人。「それ食べたい！」と思っている人へのアピールが効かないはずがありませんよね！

◎これがお好きなら、こちらもきっとお気に召します！

一緒に食べるとおいしいモノの他にも、「それ食べたい！」と思わせるものがあります。とある干物専門のネットショップでは、お買い上げいただいた干物に「似ているモノ」をお客様に紹介して、〝ついで買い〟を上手に誘っています。

たとえば、お客様が肉厚でおいしいアジの干物を買った場合には、パソコン画面に「肉厚でおいしい干物が好きなあなたにオススメしたい逸品」として、いくつかの干物が表示されます。表示されるのは、金目鯛やエボ鯛など、お客様が買ったアジと同じく肉厚でおいしい干物たち。誘い文句でも、もちろんその特長をアピールしています。

肉厚の干物が好きなお客様にとって、それらはとても魅力的に見えるでしょう。だから、ついつい、〝ついで買い〟をしてしまうのも不思議ではないですよね。

この店では、商品を送る時に同封する〝手紙〟にも工夫をしています。

このアジの干物を気に入っていただけたのでしたら、こちらの干物もきっとお気に召していただけると思います

と、ここで再び、同じ味わいの商品を紹介しているのです。

実際に干物を食べてみて、おいしいと思ってくれたお客様は、「またこの干物を食べて

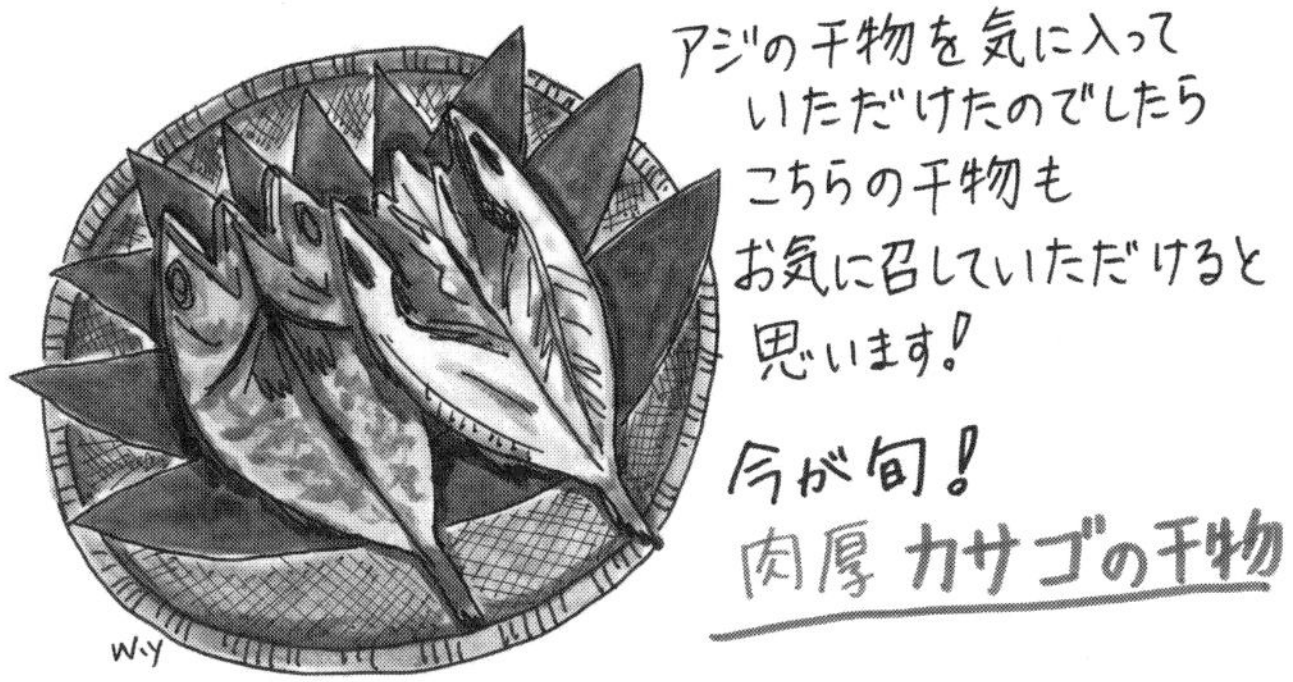
アジの干物を気に入って
いただけたのでしたら
こちらの干物も
お気に召していただけると
思います！
今が旬！
肉厚 カサゴの干物
W.Y

みたい」と思うのと同時に「別のモノも試してみたい」と思うでしょう。

そんなお客様にグッドタイミングのアピールになるというわけですね。お客様はきっと、「それ食べたい！」と思ってくれるでしょう。

実際、この手紙を同封するようになってお客様のリピート率は確実に上がっているのだそうです。その際、手紙でオススメした商品が売れていることは言うまでもありません。

お客様は色々と食べ比べてみたいと思っているのですが、同時に失敗したくないとも思っています。そんな時、「○○が好きな方は、こちらも気に入っていただいています」とお客様に伝えてあげると、安心してお買い上げいただけるというわけですね。

◎人に合わせたメニューブック

チラシなど不特定多数に読ませる文章であっても、「それ食べたい！」という人にアピールするのは効果的です。

でも、実際に何かをお買い上げいただいたお客様へのアピールと違って、相手の好みがわかっているわけではありません。そのため、ちょっと難しく思えてしまうのです。

そこで考え方を逆転します。「こんな人に食べて欲しい！」と、アピールする相手を絞り込んでしまうのです。

とあるオフィス街のパスタ屋さんでは、他の一般的なお店と同様、トマトソース、クリームソース、和風など、〝味〟でくくった「商品別メニューブック」を用意していました。

それに加え、「カロリーが気になる方へ」、「こってり味がお好きな方へ」、「辛いパスタ！ がお好きな方へ」といった、〝好み〟でくった「人別メニューブック」を追加したのです。

たとえば「カロリーが気になる方へ」というページには、「あさりと豆乳のパスタ」、「和風きのこスパゲッティ」など、カロリーを抑えたメニューが並んでいます。

ダイエット中のＯＬさん、ちょっとおなか周りが気になっているサラリーマンなどは、このページから選べばいいですよね。

濃い味が好きな人は「こってり味がお好きな方へ」のページを、辛いものが好きな人は「辛いパスタ！ が好きな方へ」のページを見れば、「それ食べたい！」と思える料理がきっと見つかるでしょう。

お客様が「それ食べたい！」と思えるような料理を並べるため、この店ではあえて〝味の好み〟に注目し、メニューを並べ替えました。そうすることで、その料理を求めている人にちゃんとアピールできるようになったのです。

あなたの料理は、「それ食べたい！」という人にちゃんとアピールできていますか？

2 「ご新規さん」と「リピーターさん」、アピールの仕方に違いを！

◎内容の異なる「ご新規さんカード」と「リピーターさんカード」

おいしい食事をウリにしたホテルや旅館＝オーベルジュが近年流行っています。とあるオーベルジュでは、面白い〝カード〟をお客様に渡していました。その名も「ご新規さんカード」。そのお客様がご新規さん（＝はじめてこのオーベルジュを利用する方）であれば、来館された時にこのカードをお渡しするのです。

カードに書かれているのは、「どんなお肉を料理に使っているのか」、「どこで採れた野菜なのか」、「シェフはどういう経歴なのか」といった、知っていればこのオーベルジュの料理がさらに愉しめる豆知識です。

ご新規さんは、あなたのお店や料理についてあまりよく知らないのが普通です。そこで何が得意料理なのか、どんな特別な素材を使っているのかなどを教えてあげると、ご新規さんでも常連さんと同じように、料理に秘められた工夫を愉しむことができますね。

ご新規さん
にアピール！
こんな食材を
使っています
シェフは
こんな人です
リピーターさん
にアピール
今回は
こんな料理を
お楽しみ下さい。
前回とはココが違います
秋の味覚
キノコ
サク
ご新規さんとリピーターさんのアピールに違いを！

庭で採れた新鮮なハーブを使っているんですよ

と言ってあげれば、お客様はそこに注目することができます。

このオーベルジュでは、ご新規さんだけでなくリピーターさんにもカードをお渡ししています。リピーターさんに渡すのは、「ココが変わりましたカード」。

以前お越しいただいた時は、春の山菜をお愉しみいただきました。今回は秋の味覚、この地域で採れたキノコをご賞味ください

と、前回お越しいただいた時とはココが変わりました、という点を書いているのです。

◎ご新規さんには「食べ方」を教えよう

もう一つ、ご新規さんに渡すカードの例を紹介します。とあるハンバーガーショップでのお話です。そのお店で出しているのは、バンズと具が何層にも積み重なったとても大きなハンバーガーでした。その大きさは、はじめて食べる人が「コレ、どうやって食べたらいいの……？」と悩んでしまうほど。

一番おいしい食べ方は、ハンバーガーを上からギュッと押さえて、ちょっとつぶれたものを三角のワックスペーパーに包み、大きな口を開けてガブッと食べること。でも、それを知らないお客様はバンズをはがして具を分けながら食べていたりしたのです。

女性のお客様の中には、人前で大きな口を開けて食べるのは恥ずかしいと思う方もいら

っしゃったのでしょう。でも、ハンズをはがす食べ方は、ハンバーガーの作り手にとって決して本意ではありません。

「そんな食べ方ではこのハンバーガーの本当のおいしさはわかってもらえない！」

そう考えた店員さんは、テーブルに「食べ方カード」を設置しました。このハンバーガーを食べたことのない初心者に向けて、おいしい食べ方をイラスト入りで説明したのです。そのカードを置いてからは、一枚一枚はがして食べるお客様は激減。「大口開けて食べるのが当たり前」と言ってもらえれば、女性のお客様も安心して口を大きく開けられます。一気にパクッと食べたほうが断然おいしい！　お店の中はみんな大きな口を開けて食べているから彼氏と行っても恥ずかしくない！　そんな評判が立ち、このハンバーガーショップは「デートの時に寄りたいお店」としてマスコミに取り上げられるまでになったのです。

ご新規さんは、あなたのお店の〝常識〟を知りません。お店側が望んでいる〝食べ方〟も知らないでしょう。

その一方で、「これはどうやって食べるのが正しいんだろう？」と不安に思っているのも事実。だからこそ、ご新規さんに向けた情報を与えてあげると喜ばれるのです。

◎リピーターさんに！ ネットショップの「秘密のページDM」

「リピーターさんに見せるための文章」をうまく使ったお店の例もご紹介しましょう。

チーズを専門に扱うあるネットショップでは、クセのあるチーズを数多く揃えていたため、売上の多くもリピーターさんから得ていました。

しかし、だからと言って、お店のウェブサイトやメールマガジンを常連さんだけに向けた内容にするわけにはいきません。検索ページから来店し、はじめてホームページを見るお客様にもわかるよう一般的な内容にしていたのです。

常連さん向けに作ったのは、「常連さん向けダイレクトメール」でした。多くのネットショップ同様、このお店も「どのお客様が、どのようなチーズを買ったか」がわかるデータベースを持っていました。そのデータを活かし、頻繁に購入してくれるリピーターさん向けに「特別なダイレクトメール」を発信していたのです。

ある時のダイレクトメールはこのような内容でした。

常連さんのみ入室可！ この冬発売の新商品をいち早くご賞味ください！

一般のお客様は入ることができない、常連さんだけが入ることのできる特別ページを作って、リピーターさんだけに案内したのです。

そのページには、一般には発売されていない特別なチーズが常連さんだけに向けて販売されていました。ＶＩＰ扱いをされて気分が悪くなる方はいないため、「常連さん向けの企画」は毎回大好評。特別ページのチーズが即完売となることが少なくありませんでした。

さらにこのお店では「クリームチーズをよく買われるリピーターさん」、「ブルーチーズをよく買われるリピーターさん」と分けてダイレクトメールを送ることもあります。それぞれの好みに合った企画であれば、なおさら反応はよくなります。

ご新規さんとリピーターさん、あなたのお店でも〝伝え分け〟をしてみてはいかがでしょうか？

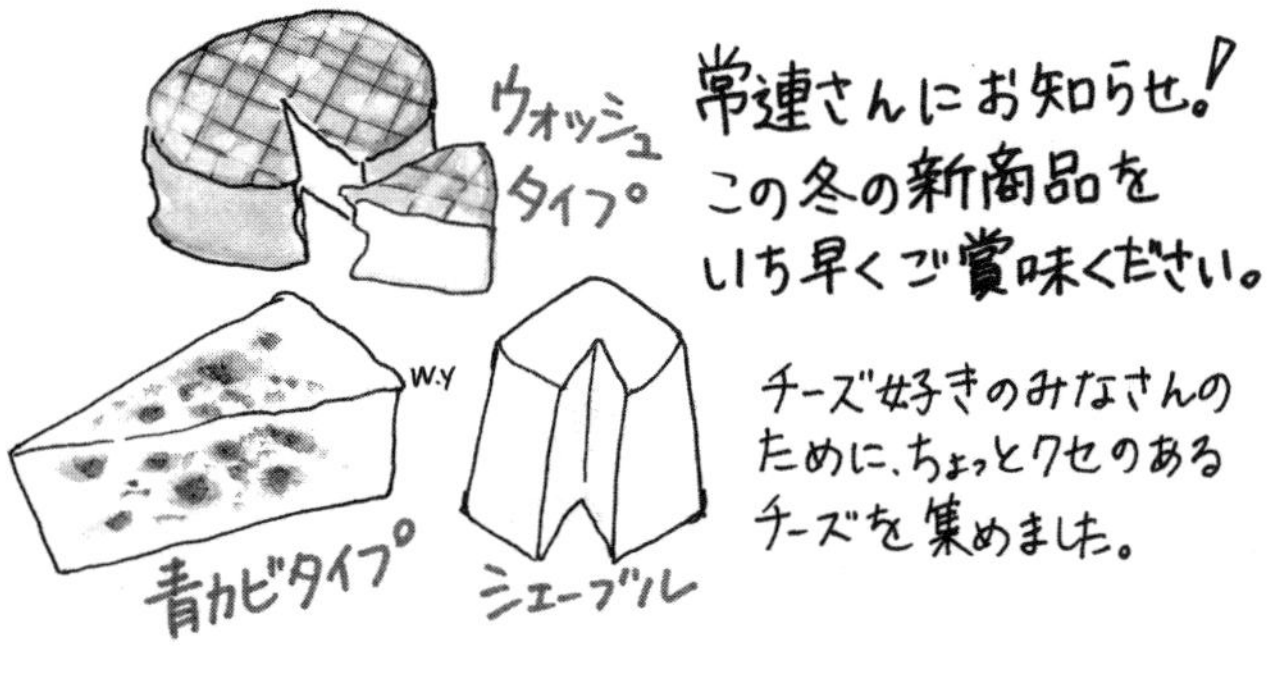
ウォッシュタイプ
常連さんにお知らせ！
この冬の新商品を
いち早くご賞味ください。
W.Y
チーズ好きのみなさんの
ために、ちょっとクセのある
チーズを集めました。
青カビタイプ
シェーブル

3 ターゲットは「お連れ様」！

◎一人で行くお店と、恋人と行くお店は、同じ店？

山田太郎君は、大学生。

アルバイトに行く前、一人で食事をする時は、注文したものが素早く出てくる、行きつけの定食屋さんを使います。山田君が好きなのは、味が濃くて量の多い〝男定食〟。

彼女と食事をする時には、ちょっとおしゃれなレストランを予約します。彼女が好きなイタリア料理が食べられるレストランを探します。

家族と一緒に外食する時には、個室があるお店を選びます。4歳になる甥っ子がはしゃいでしまっても他のお客さんに迷惑がかからないようにという配慮からです。おじいちゃんが好きな中華料理のお店を選ぶことが多くなっています。

山田君のように、「一人で行くお店」と「恋人と行くお店」と「家族で行くお店」とを使い分けている人は少なくないでしょう。

逆に、いつ誰と行くのも同じお店で、頼む料理もまったく一緒……そんな人はあまりいないのではないでしょうか。

一人で行くなら、自分の好みの味で注文した料理が素早く出てくる定食屋。恋人と行くなら、雰囲気がよく、相手が好きそうな料理を出してくれるレストラン。家族と行くなら、気兼ねなく楽しくおしゃべりできるようなお店、とその時々によって使い分けをしているのではないでしょうか？

使い分けの基準となっているのが、「誰と一緒に行くか？」というコト。

だから、お店のアピールをする時にも「お客様が、誰と一緒に来たいのか？」、「どんな人と一緒に食事をするのか？」という視点に立ってみると、効果的なアピール方法が浮かんできやすいのです。

大学生 山田くんの場合
○ひとりで……定食屋
○恋人と……イタリアン
○家族と……中華
『誰とで』で、使い分けるよネ。
たしかに……

お客様は誰といっしょに来たいのか？という視点に立ってみる

◎「こんな方と一緒の時にお使いください」と、こちらから提案

質の高い接客をしてくれるレストランを予約すると、

「お連れの方とはどのようなご関係かお伺いしてもよろしいでしょうか?」

と聞かれることがあります。

この質問にはじまって、「今回の会食の目的」を聞き出し、〝接待〟なら接待がうまくいくように、〝デート〟なら二人の関係がうまくいくように手助けをしていくのがこのレストランのモットーなのだそうです。

お連れ様がどんな人か、どんな目的の会食かによって接客を変えるというこの形、理想的ではありますが、どんなお店でもできるというものではありませんよね。

そこでオススメしたいのが、「こんな方と一緒の時にお使いください」とこちらから提案していくやり方。

「こんなお店です」、「こんな料理を出します」という、お店を主体にしたアピールではなく、「こんな方と一緒の時にお使いください」と、お客様がどんな人と一緒に来店されるのかを考えたアピールをしていくのです。

よく知られているところでは、レストランの「カップルコース」などがそうですね。

量よりも質を重視、〝見た目〟も大切で、取り分けやすい工夫がなされているなど、「男

カップルコース
男女2人で食事するシーンを想定。
見た目バッチリ！取り分けやすい工夫もされている。

女二人で食べる」というシーンを想定して作られているコースです。

　デートで行くお店を探している人なら、「カップルのためのコースです」と言われたら、きっと気になるでしょう。続けて「お二人の楽しい会話が弾むように、こんな楽しい料理を用意しました」、「夜景がきれいな、カップルコース専用テーブルをご用意しております」といった補足説明を加えれば、気持ちがグッと傾くはず。

　何を食べるかより、誰と食べるかが重要なお客様は少なくありません。そんな方たちにアピールするには、「こんな方と一緒の時にお使いください」というアピール方法が効果的なのです！

◎商品の〝組み合わせ〟を変えよう！

レストランなどの飲食店でなくとも、食べ物を販売しているお店なら「誰と一緒に食べるのか？」を考えることはとっても有効です！

「カップル向けケーキ」や「家族だんらんスープ」などの特別な商品をお店で作ることができればそれに越したことはありませんが、そうもいかない場合も多いでしょう。

そんな時は、既存商品の〝組み合わせ〟で勝負してみてはいかがでしょうか。

あるサンドウィッチ店では、同じ種類のサンドウィッチを二つずつ入れた、「二人でセット」が大人気。その名前のとおり、カップルや夫婦に多く売れています。

これまで「バラエティセット」という名前

大きなカニを前に
家族が集まる食卓…
一番おいしいところを
みんなでワイワイ
取り合うのも楽しい！

で売っていた、さまざまなサンドウィッチが入ったセットも「家族でセット」という名前に変えたところ、ファミリー層に多く買ってもらえるようになりました。

商品を新しく作り出さなくても、組み合わせを変えることで「○○と一緒に食べる」ことを演出することができるんですね。

カニの通信販売をしているお店では、「みんなで食べる楽しさ」をアピールの柱にしています。このお店のホームページには、

大勢集まったら、鍋料理！　ちょっと豪華にカニ鍋はいかが？
大きなたらばがにを前に、家族全員が集まる食卓。一番おいしいところをみんなで取り合ったりして

など、カニをみんなで食べると楽しそうと思わせる言葉がたくさん並んでいます。

カニの新鮮さなど、商品のよさだけをアピールするお店が多い中、「みんなと過ごす楽しさ」を前面に出しているこのお店は、他とは違う雰囲気を出すことに成功しています。

お客様が誰と一緒に食べるのか？　ということを考えていけば、「お友達と一緒に」、「お子さんと一緒に」、「ご家族と一緒に」、「お母様を連れて」、「お父様を連れて」、「ペットと一緒に」……とさまざまなアピール方法が考えられそうですね！

「誰のために買う？」——買う人と食べる人が違う時

◎おじいちゃんがおいしいと言うゼリー？

デパ地下にデザートを買いに行った際、こんなPOPを見かけました。

おじいちゃんがおいしいと言って食べてくれました！

そのPOPが貼られていたのは、若い女性が好みそうなおしゃれなゼリーがたくさん並んでいるお店。なのに、なぜ〝おじいちゃん〟？？？

不思議に思った私は、そのお店をじっくり見ようと近づいてみました。するとそのPOPには続きがあったのです。読んでみると、単に「ゼリー」と「お年寄り」というミスマッチを狙っただけの広告ではありませんでした。

ゼリーはお年寄りの方でも食べやすいスイーツです。洋菓子を食べ慣れないおじいちゃんおばあちゃんも、色鮮やかでおしゃれなゼリーに喜んでくれています

と、ゼリーがお年寄りに好まれるものだというアピールがちゃんとされていたのです。

これを読んで私も、「そういえば、もうすぐおばあちゃんの誕生日だなぁ」と、実家のおばあちゃんのことを思い出しました。

「おじいちゃん、おばあちゃんが喜ぶゼリー」――おばあちゃんの誕生日にはこのフルーツゼリーを贈ろうと心に決めました。

このように〝買う人〟と〝食べる人〟が違うというケースは意外に多いものです。そのような時、〝買う人〟は自分の好みより、実際にそれを〝食べる人〟の好みを優先させることが多いでしょう。

たとえば、お母さんがごはんの材料を買う時も、自分の好みより、家族のことを優先させる方が多いのではないでしょうか？

おじいちゃんが「おいしい!」と言って食べてくれました!!
?
なぜ〝おじいちゃん〟?
このPOPの読きに書かれていたのは….

◎「食べる人」を主役にしてアピール！

自分のためにケーキを買うことはなくても、孫が食べたいと言うのならケーキをたくさん買ってあげたいという方は少なくないでしょう。

今日はお友達が遊びに来ているから、いつもは買わないような高級なお酒を買ってしまうということもあるでしょう。

そのように「誰かのため」の買い物は、多くの人が〝太っ腹〟になってしまうもの。そのチャンスを逃す手はありません！

誰かのための買い物をするお客様に向けてのアピール文を書く時は、お客様が〝食べさせたい人〟、つまりそれを実際に〝食べる人〟を主役にすることが大切です。

先ほどのゼリーは、「おじいちゃん、おば

あちゃんが喜びますよ」というアピールでしたね。このような、おじいちゃん、おばあちゃんを主役にしたアピールなら、おじいちゃんやおばあちゃんがゼリーを食べている様子、喜んでいる様子がパッと想像できますよね。

商品紹介文では、「この商品はこういうモノです」と、〝商品〟が主語になる文章が一般的です。

でも、誰かのために買っていく人に対しては、このアピール方法ではちょっと力不足。

「あの人に、これを買っていってあげようかな」

と思わせることができないかもしれません。

商品を主語にするのではなく、「あの人がきっと気に入りますよ」と、〝食べる人〟を主語にして、その人が喜んでいる場面が想像できるようなアピールをしていきましょう。

すると、

「これ食べさせたら、きっと喜ぶな」

と思ってもらうことができるでしょう。

人を喜ばせることが嫌いな人はいませんよね？

だからこそ、人が喜んでいる場面を想像させる、このアピール方法はとても効果的なのです！

◎「おみやげ」は、誰かのために買っていくものの代表格

「食べさせたい人を登場させる」というアピール方法は、誕生日プレゼントやおみやげなど贈り物全般に応用可能です。

とある観光地のおみやげ屋さんでも、この手法をうまく活用しています。

出張に出たことがある方ならおわかりになると思いますが、会社に持っていくおみやげを出張先で買うことってよくありますよね。おみやげ物は同じようなモノが多く、どれにしようか意外と迷うもの。その時に、こんなPOPがついているお菓子があったらどうでしょう?

会社で待っているOLさんが喜ぶお菓子はコレです!

会社に女性が多いのであれば、このお菓子、気になりますよね?

このPOPがついているのは、この地方で獲れる果物を使ったミニケーキセット。味や形が異なる10種類以上のミニケーキが箱詰めになっているものです。女性は選ぶのが好きですから、「私はこれにする!」、「私はどれにしようかなぁ?」と、ケーキを選んでいる時から喜ばれそうですね。実際、このケーキセットを買われていく方は、OLさんへのおみやげとして買っていかれる方が多いのだそうです。

では、これが「お菓子を主語にしたアピール文」だったらどうなっていたでしょう？「当地名産品のメロンやいちごをふんだんに使った、おいしいミニケーキです」といった、平凡なアピール文になってしまっていたでしょう。これでは、他のおみやげ品と変わらず、「会社におみやげとして持っていきたい人」をゲットすることは難しそうです。

商品を主語にするのではなく、実際にそのお菓子を食べるＯＬさんを主語にしたからこそ、このように魅力的なアピール文になったのです。

商品そのものではなく、買ってくれるお客様本人でもなく、第三者を主人公にしたアピール文。時にはそんな文章を書いてみてはいかがでしょうか？

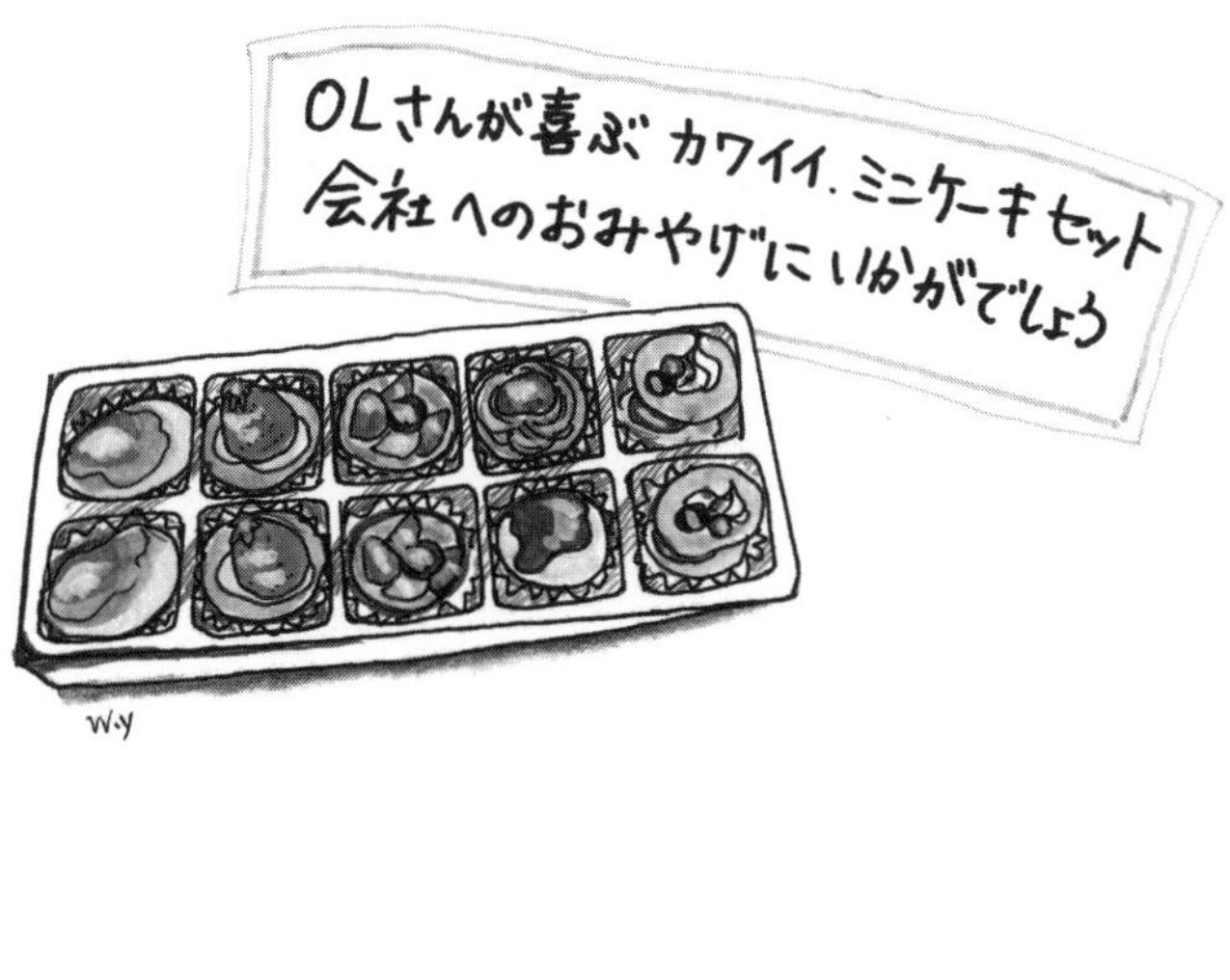
OLさんが喜ぶ カワイイ、ミニケーキセット
会社へのおみやげにいかがでしょう

6章

お客様とスタッフの知恵を活かそう！

「それ、おいしそう！」と思わせるためにうってつけのアピール方法、それはおいしく食べた人の感想を載せること。

でも、

「お客様の声をお聞かせください」

という質問じゃ、お客様の声は集まりません。

そこで、こんな聞き方はいかがでしょう？

「お客様の声」をもらいやすくする質問とは？

◎欲しいけれど、なかなかもらえない――「お客様の声」

お客様からいただく感想や要望は、お店にとって非常に役に立つものですよね。

自分のところの商品がおいしいと思っていただけているのか……

どんなふうに召し上がっていただいているのか……

そのような〝実態〟を知るには、「お客様の声」はとてもよい手がかりです。

でも、実際のところ、「お客様の声」を集めるのは簡単ではありません。

「ご感想、ご要望などお寄せください」

「お客様の声」をいただくため、このように呼び掛けているお店は少なくありませんが、呼び掛けに応えてくれるお客様はなかなかいないものです。

次にご紹介するネットショップのシュウマイ屋さんも、最初は「お客様の声」がうまく集められずに悩んでいました。

「お客様の声」を集めたいと思い、「当店のシュウマイに関するご意見・ご要望をお寄せください」と書いていたのですが、メールや手紙はほとんど届きません。

お店の商品はある程度売れているのですが、その数に比べて「お客様の声」が今ひとつ集まらないのです。

自分のシュウマイがどのような評価を得ているのか？

どのような点がまだ物足りないと思われているのか？

どのようにして召し上がっていただいているのか？

知りたいことはたくさんあるのですが、その手がかりとなる「お客様の声」が集められずに困っていたのです。

そこで、〝ある工夫〟をしてみました。

うちの商品….
お客様においしく召し上がっていただけてるのだろうか…？
？
シュウマイ
W.y

〝お客様の声〟は欲しいけど、どうしたら？

◎「大きさはいかがですか？」と限定した質問

新商品の「ぜいたくシュウマイ」の発売を開始した時、こんな文章を書いた「手紙」を同封してみたのです。

〝ぜいたくシュウマイ〟は、たくさんの具が詰まった、他ではちょっと見ない大きさのシュウマイです。この〝大きさ〟はいかがでしょう？　あなたの感想をお聞かせください！

「ぜいたくシュウマイ」は、ちょっと多すぎるかな？　と思うくらいに具をたっぷり詰めた大きめのシュウマイなので、店長さんも「お客さんはこの量をどう思ってるだろう？」と不安に思っていました。そこでそれを素直に聞いてみたのです。

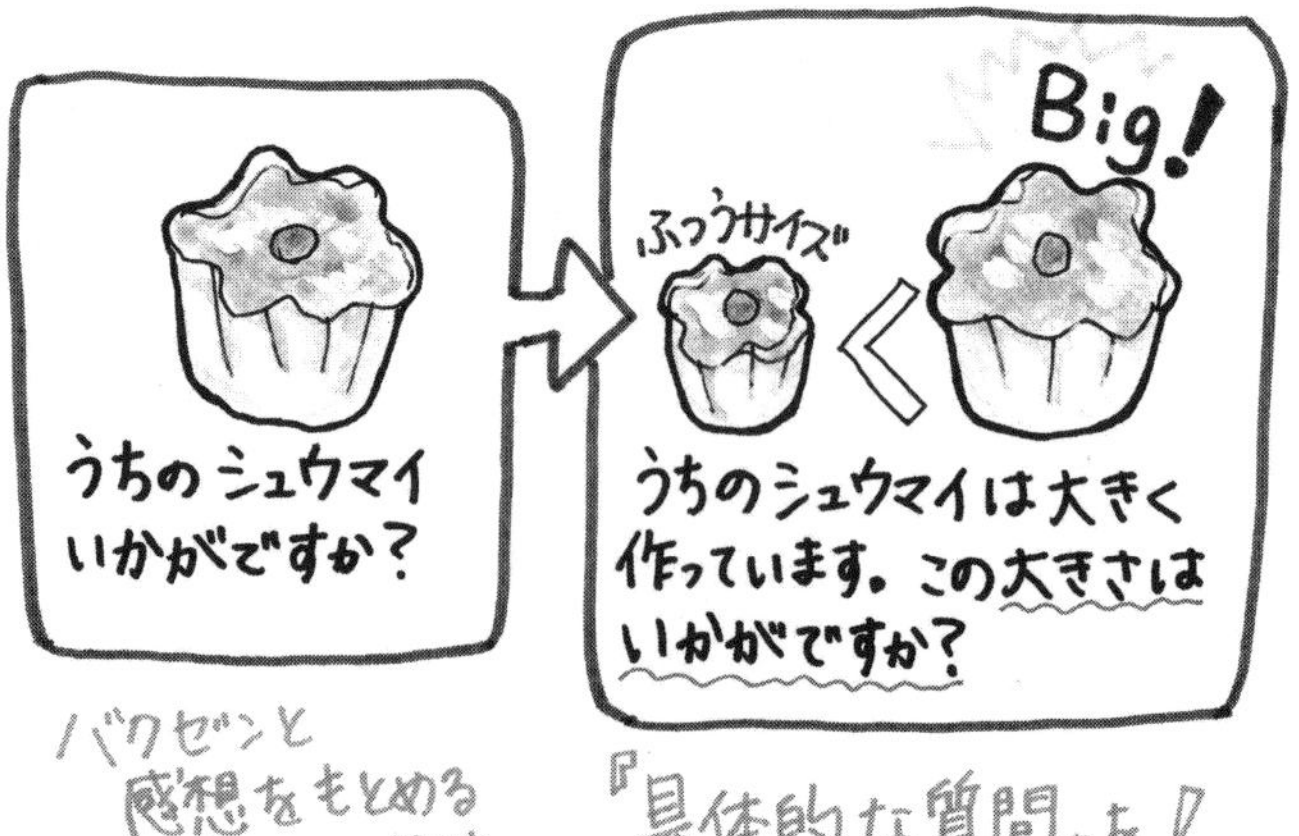
うちの シュウマイ
いかがですか？
Big!
ふつうサイズ
うちのシュウマイは大きく
作っています。この大きさは
いかがですか？
バクゼンと
感想をもとめる
よりも…
『具体的な質問』を！

すると……お客様からはこれまでの何倍もの〝声〟が届けられました。

「他のお店では絶対にないようなこの大きさがいいと思います」

「子供が『大きなシュウマイ』とお気に入りなんです。息子一人では食べきれないので、余った分は私がいただいています」

「主人の晩酌にこのシュウマイを2個あたためておくと、ちょうどいい量なんです」

これまでも「お客様の声」を集めていたのに、これほど集まることはありませんでした。なぜ、今回はたくさんの声が集まったのでしょう？

ポイントは「具体的な質問」を挙げたことにありました。

これまでお客様に聞いていたのは、「ご意見・ご感想をお寄せください」という〝抽象的な質問〟。今回は「大きさはいかがですか？」と〝具体的な質問〟です。

このように〝具体的な質問〟を受けると、お客様は答えやすくなるのです。ひとつの食べ物を渡されて、「これってどう？」と聞かれても答えづらいものですが、「これって砂糖をあんまり使ってないんだけど、甘いでしょ？」というように具体的な質問をされれば、今度は答えやすいですよね。

お客様が答えやすい質問をする――それが「お客様の声」を集める秘訣だったのです！

◎〝具体的な質問〟は答えやすい

質問するコトは〝味〟以外のことでももちろんOK。このお店ではシュウマイの他に餃子も販売しているのですが、お客様にこんな質問を投げかけてみました。

パーティーに使っていただけるようにいろいろな餃子を入れています。みなさんはどんなパーティーで使われましたか？　よろしければ教えてください。ご意見・ご感想お待ちしております！

このような具体的な質問なら、お客様も答えやすいですよね。実際にこの質問をお客様に投げかけた時は、こんな〝声〟が返ってきました。

「お父さんの誕生日にギョーザを頼んだんです。ウチのお父さんは餃子にこだわる人なんですが、ここの餃子はおいしいと食べてくれました。ビール好きのお父さんなので辛いギョーザがあるといいですね」

こんな〝声〟が届いたら、「ああ、そうか。オトナ用のギョーザを作ってもいいな」、「辛いのが好きな人用に激辛ギョーザなんか作ってみたらどうだろう」といったように色々なヒントになりますよね。

この「具体的な質問をする」という手法、実は「お店のこだわり」をお客様に伝えるという役目も果たしているのです。

「こんなところにこだわってみたのですが、どうですか？」という言葉は、質問のカタチをとってはいますが、こだわりの点をアピールする文章にもなっています。

作り手側が〝こだわり〟を持っている点であっても、意外なほどお客様はそれに気づきません。だから、あなたがこだわりを持っている点、自信を持っている点を「質問」というカタチでアピールするのです。

お客様が答えやすいような質問をすることで、お客様は〝声〟を上げやすくなります。お客様とのコミュニケーションがうまくいっているお店が繁盛するのは間違いありません！　あなたもぜひ、「お客様への質問」をしてみてはいかがでしょうか？

パーティーに使っていただけるよう
いろいろな種類のギョーザを
入れています。
みなさんはどんなパーティーで
使われましたか？
よろしければ教えて下さい。
W.Y
こだわり
アピール部分
質問部分
こだわりもアピールできて『お客様の声』も
もらえる。一石二鳥だ♪

「写真コンテスト」でお知恵を拝借 2

◎おいしさがリアルに伝わる、ビール通のコメント

料理の写真やレシピを載せているウェブサイトやブログが増えてきました。一般の主婦や大学生が作るブログの中に、プロ顔負けの上手さで料理のおいしさを伝えているものもあります。

そんな一般の方たちのチカラを借りて、うまく「おいしい食べ方」をアピールしているお店があります。それは、ある地ビールを専門に扱うネットショップ。

そのお店では、「お客さんが地ビールをどのように味わってくれているのか？」、「どのようなシーンにうちのビールが登場しているのか？」を知るために、こんなアンケートを取ったのです。

あなた流の○○ビールの飲み方を教えてください！

このようなアンケートを実施してみたところ、ビールを買ってくれたお客様から次のよ

うなメッセージが届きました。

「○○ビールはあっさりした味なので、おつまみはコッテリ系のものを選んでいます。一番のお気に入りはコショウをたっぷり効かせたジャーマンポテト。○○ビールが届くと、いつも作っていますよ」、「金曜日、一週間の仕事が終わった後、〝ご褒美〟として○○ビールを飲んでいます。スーパーなどで売られているビールより香りがよく、贅沢感があるので、週末はいつもコレです」

「これをこのままにしておくのはもったいない！」と考えた店長がコメントをウェブサイトにも掲載したところ、そのページは「○○ビールをより上手に楽しむための情報」として、お客様に喜ばれ、多くのアクセス数を誇る人気のページとなったのです。

○○ビールの
"あなた流の飲み方"
教えて下さい!!
W.Y
ある地ビールやさんが行った、このアンケート。結果は…

◎写真付きが好評→写真コンテスト開催！

しばらくすると、コメントに写真をつけて送ってくれるお客様が現われはじめました。

「ビールはやっぱり泡が命なので、きめ細かいなめらかな泡にするために、最近、陶器のビールジョッキに凝っているんです」

このようなメッセージとともにビールジョッキの写真も送られてきたのです。ビールに添えられたおつまみの枝豆がこれまたおいしそうで、このジョッキでビールを飲んでみたいなぁという気にさせます。

「この写真を載せれば、このビールのおいしさがもっと伝わるかもしれない」

そう考えた店長さんは、お客様から送られてきたコメントに加え、写真も一緒に載せてみました。

ビールは泡が命！
きめこまやかな泡にするため
陶器のビアマグに こってます。
和風でなごみますよ。
W.Y

言葉だけでは言い表せないものが、写真を載せることで他のお客様にも伝わったのでしょう。写真つきのコメントはとても評判がよかったのです。

そこで店長さんは、写真つきコメントを大々的に募集するため、「おいしいビール写真コンテスト」を開催することにしました。

あなたはどんなふうに○○ビールを飲んでいますか? おいしくビールを飲んでいる写真を送ってください! 優勝者には豪華賞品をプレゼント! (応募してくれた方には、もれなく500円のクーポンを差し上げます)

今では多くの方がデジタルカメラを持っていますので、写真もカンタンに撮って送ることができます。実際、この写真コンテストには多くの応募がありました。

「ビールとそれに合うおつまみのおいしそうな写真」、「ビールを飲みながらのバーベキューを楽しんでいるお客様の写真」、「おしゃれにコーディネートされたテーブルにビールが乗っている写真」など。

おいしそうな飲み方、おしゃれな飲み方、あっと驚くような飲み方——それらの写真を載せることでネットショップはより賑やかになり、何よりビールの魅力がうまくアピールされるようになったのです。

◎質問からはじまる、お客様との〝会話〟

ある時、お客様からのコメントに〝質問〟が含まれていました。

「私は○○ビールの〝赤〟には、生ハムが一番合うと思います。新発売の〝黒〟には何が一番合うと店長さんは思いますか？」

店長さんは質問とそれに対する〝答え〟を一緒にホームページに載せました。

「○○ビールの〝黒〟には、ブルーチーズのようなちょっとクセのあるチーズが合うと私は思います。ぜひ、試してみてください」

このようなコメントを載せたところ、他のお客様からも「○○ビールの〝黒〟」に関してさらに多くのコメントが寄せられるようになったのです。

「私もブルーチーズは合うと思う！」

「そうですよね。他の皆さんもぜひ試してみてください！　ホントにうまいですから！」

「いやいや、意外と一番合うのは〝豚の角煮〟!!」

「お〜。そういう手もありますねぇ。濃い目の味つけならたしかに黒に合いそうだ」

ここで繰り広げられているのは、まさにお客様との「会話」。

このような会話を続けることで、ネットショップに来るお客様のことがさらによくわかるようになっていったのです。

○○ビールの黒に合わせて作った
『ゴルゴンゾーラのペンネ』です!
とってもおいしくできました。
おいしそうですね!
○○ビールの黒はコクがあるので
ゴルゴンゾーラチーズと相性が
良いんですよ!
お店からの
お返事を書く

お客様の意見から新しい商品セットが生まれるなど、お客様のアイデアでこのお店はどんどんにぎわうようになっていきました。

お客様から「アイデア」をもらう ↓ そこに「写真」がつくと、よりにぎやかに ↓ そこに「お店からの返事」を書くと、お客様とのコミュニケーションが活発になる。

お店は、お客様のチカラでどんどん成長していったのです。

この手法は、きっとあなたのお店でも使えるものでしょう。お客様は素晴らしい知恵を持っていますから、ぜひお客様からアイデアをもらって、お店をにぎやかにしていきましょう!!

3 スタッフプロフィール——「ワタシはコレが好き」

◎居酒屋店員の〝名札〟は、すごいPOP！

あなたのお店には、あなた自身をはじめ、個性豊かなスタッフがいることでしょう。文章を書く時に、彼らの〝個性〟を使わない手はありません！

ある居酒屋では、店で働くスタッフの〝個性〟を活かした面白いPOPを作っていました。それは、スタッフが胸に着ける「名札」。そこに「わたしが好きなメニュー BEST 3」を書いているのです。

ビールが大好きなある店員さんは、こんなBEST 3。

「1 豚キムチ　2 なんこつの唐揚　3 スパイスそば」

また、ヘルシー志向の女性店員さんは、以下の3品。

「1 特製おぼろ豆腐　2 じっくり鶏スープ　3 山芋のシャキシャキサラダ」

このようにスタッフ個人の〝個性＝好み〟を名札に書いたところ、お店に好ましい〝変化〟が起きました。注文を受ける際にお客様との会話が多くなってきたのです。

注文をする時、「好きなメニュー」の書かれた名札がお客様の目にとまります。

「その名札に書いてあるのは、おいしいの？」

「はい、このおぼろ豆腐はこの近くのとうふ屋さんに特別に作っていただいているもので、とっても味が濃いんです。他ではちょっと食べられない味ですよ。こちらの鶏スープは……」

自分が好きで選んだメニューですから、お客様の質問に対し、スタッフも自信を持って答えることができますね。

ビールが好きな私の『メニューBEST3』
1豚キムチ
2なんこつの唐揚
3スパイスそば
いらっしゃいませー！
スタッフさんたちの好きなメニューをアピールしよう！

◎メニューブックに〝スタッフオススメの食べ方〟

あるステーキハウスでも同様に、スタッフの〝個性〟を活かしていました。そのステーキハウスでは、メニューブックの最後に「スタッフ紹介コーナー」があり、スタッフの「私の好きなメニュー」が載せられています。

調理担当、山崎です。ちょっとクドいくらいの味つけが好きな私は、自家製ガーリックバターがたっぷり乗った【ガーリックバターステーキ】がお店のメニューの中で一番のお気に入り。おすすめは肉の上にガーリックバターを「これでもかっ!」とたっぷり乗せる食べ方。口の中に味が残っているうちに食べる白いごはんがおいしいんです。ガーリックバターもごはんもおかわり自由ですので、遠慮なくどうぞ！　あー、また食べたくなってきた（笑）

いかがでしょうか？　ちょっとおいしそうですよね。

「私の好きなメニュー」を書く際、次の3つの要素を入れるとよいでしょう。

①自分の好み＝ちょっとクドいくらいの味つけが好き
②どんな料理か？＝自家製のガーリックバターがたっぷり乗ったステーキ
③どうやって食べるのがオススメか？＝肉の上にガーリックバターを「これでもかっ！」

私は ガーリックバターステーキが一番の
お気に入りです!
ガーリックバターを これでもかっ! と
たっぷり乗っけて食べるのが
オススメです!!
白いごはんに
合いますよ!

とたっぷり乗せて食べる。そのあとに白いごはんを食べる

この三つの要素を書いておけば、一般のお客様にもその味がわかってもらいやすくなりますよね。

特に重要なのはオススメの「食べ方」を載せること。

店員さんの食べ方を載せることで、本当にその料理をおいしく食べているんだなというイメージが生まれます。

「コレはこういうメニューです」と、料理を主語とした文章では、どうしても売り込みになってしまいがち。

しかし、実際においしく料理を食べている店員さんに語らせると、売り込みくささは消え、おいしそうなイメージだけが残るのです。

◎商品点数の多いネットショップなら、テーマを一つ決める！

ネットショップでは多種類の商品を扱うことが多いため、一つひとつの商品に注目してもらうことが容易ではありません。多くの商品をただ並べるだけでは、お客様が注目してくれないのです。

そんな悩みも、スタッフの〝個性〟を活かして解消することができます！

ある輸入食材を扱っているネットショップでは、他の多くのお店と同じように毎週一回、メールマガジンを発行しています。

スタッフの〝個性〟が発揮されるのは、そのメールマガジン。毎週、ある一つのお題が与えられ、そのお題に沿った商品をお店の中から選び出すのがルールです。

今週のテーマ
白ワインのおつまみは？
やました店長
クラッカーに"サーモンパテ"でオードブル！
salmon pate
さえ
onion Cheese
オニオンチーズで決まり！
後藤ちゃん
シーフードミックスにアンチョビソースをつけて！
Seafood Mix
anchovy sauce
店員さんの個性を上手に活用したメールマガジン

「あなたは一人、お部屋でお酒を飲みたいと思っています。冷蔵庫にあるのは白ワイン。さぁ、おつまみはどうする?」

やました店長:白ワインでしょ? だったらサーモンパテが一番かなぁ。クラッカーに乗せて食べるとお手軽豪華なオードブル! ケッパーを一粒乗せるのもオススメです

さえ:私はオニオンチーズで決まり! 実は先月、はじめて食べました(笑)。でも、それ以来、白ワインの時には欠かせない〝お供〟です。クセがなくてヨイのです

後藤ちゃん:冷凍シーフードミックスをゆでて、あたためたアンチョビソースをつけて食べるなんてどうでしょう? 電子レンジだけでできるお料理です!

と、このように三人がそれぞれのおつまみを考えてメールマガジンに載せるのです。もちろん、その話の中に出てきた商品へのリンクが用意されていますので、「それ、よさそうね」と思ったお客様はすぐにお買い上げいただけるようになっています。

あなたの〝個性〟、スタッフの〝個性〟は、他のお店にはないもの。つまり「他店と差別化」できる重要なポイントなのです! どのお店も必ず持っている〝個性〟という宝物。あなたも活かしてみてはいかがですか?

4 お店の歴史・メニューの歴史・スタッフの歴史

◎店に歴史あり――知れば知るほど好きになる

とあるグルメ雑誌に、有名なフランス料理店のオーナーシェフのインタビュー記事が載っていました。

インタビュアーはオーナーシェフに対し、

「なぜ、その場所にお店を開こうと思ったのか?」

「なぜ、この店名にしたのか?」

「なぜ、このメニューを中心にしたお店にしようと思ったのか?」

と、お店の〝成り立ち〟に関する質問をしています。

それに対するオーナーシェフの答えを読むと、このオーナーシェフがどのような想いでこのお店を開き、どのような苦労をしてこの料理を作っているのかが伝わってきました。

現在のようなお店になるまでには、多くの問題や試行錯誤があったそうです。お客様のためを思ってメニューを改良し、材料の仕入先を探し、さまざまな努力をした結果、今の

どのお店にも必ずある「歴史」を語ろう！

お店ができあがったということがわかりました。記事を読んだ後、私はすっかりそのお店のファンになってしまったのです。

どのお店にも、そのような〝歴史〟があるでしょう。

どんな思いを込めて、そのような「店名」にしたのか？

なぜ、この「土地」に店を構えることにしたのか？

なぜ、その「料理」をお店に置くことにしたのか？

なぜ、お店の「イメージカラー」をその色に決めたのか？　……など。

〝お店の歴史〟を知ることで、お客様はもっともっとあなたのお店を好きになってくれるに違いありません！

◎料理にだって、〝歴史〟アリ！――○○のできるまで

〝歴史〟を知るとそれがもっと好きになる、これは「お料理」に対しても同じことが言えます。

ある喫茶店では、〝一番のオススメ料理〟である「ビッグパフェ」ができるまでの〝歴史〟、もっと具体的に言えば、このビッグパフェができるまでの「スタッフ会議」の様子が書かれた紙をメニューの中に挟み込んでいます。

お店の〝看板〟になるような、メニューを作ろう！
見た目でビックリするようなのがいいね。80センチのビッグパフェとかどう？
食べ飽きないように、クリームも5種類入れよう！
こりゃダメだ、味噌はダメだ。ん？ アレ？ 塩は意外とイケるぞ
パフェの中心にアレを入れたらどうかなぁ？

このような「ビッグパフェができるまで」の〝過程〟を読んでいくと、自然と「ぜひ、そのビッグパフェが食べてみたい！」という気分になってしまうのです。

あるネットショップでも、同じように「料理の歴史」をウェブサイトに載せていました。スパニッシュオムレツなどの卵料理を販売しているそのネットショップには、オムレツ

を完成させるまでの〝苦闘の日々〟の日記が掲載されていました。

お客様からの何気ない一言で、新しいオムレツができたこと。

「おいしいたまご」を探して、全国の養鶏業者を回ったこと。

店頭にある五つのオムレツができるまでに、実は何百もの〝失敗作〟を作っていたこと。

そのような〝歴史〟を聞くと、そのオムレツの〝価値〟も上がります。

「そんなに苦労して作られたオムレツなら、きっとおいしいに違いない」、そんなふうに期待してしまいますよね。

当店のめいぶつ
ジャンボフルーツパフェ
は、こうしてできました！
ある日の会議のこと…
W.Y
メニューの歴史を知ると、自然と興味がわいてくる…

◎〝人の歴史〟も入店動機のひとつ

〝歴史〟を語る効果は、店長、スタッフなど、「人」にも当てはまります。

「店長は、どのようなことがキッカケでこのお店をはじめたのか？」

「スタッフは、このお店に来る前にどんな所にいたのか？」

そんなことをお客様に知らせていくと、お客様とお店のスタッフとの距離はグンと縮まります。

あるシティホテルでは、レストランを紹介するパンフレットに「シェフの経歴」を掲載しています。

と言っても、「19xx年 ホテル○○入社」、「20xx年 グランシェフに就任」といったようなものではありません。

私が小さい頃に味わった
鮮烈なジビエを、皆さんにも
味わっていただきたいと思います。
フレンチレストラン○○ シェフ○○○○
W.Y

そのシェフの〝人となり〟、そして〝得意料理〟がわかるような経歴が書かれているのです。

たとえば、フレンチのシェフの経歴はこんなふうに書かれています。

生まれは岐阜県の小さな町。馬肉や鹿肉が当たり前のように食べられている土地で育ちました。修行のため、ここ東京に出て来た時、馬肉が冷凍されているのに驚いたほどです。そんな私の得意料理は、獣肉を使ったジビエ料理。私が小さい頃に味わったような鮮烈なジビエを皆さんにも味わっていただきたいと思います

どうでしょう？　この方の作るジビエ料理を試してみたいと思いませんか？

中華料理、和食のパンフレットにも同じように〝料理長の経歴〟が示されているため、お客様は「食事するお店を〝人〟で選ぶ」という体験をすることができるのです！

人は、好きな人のことはたくさん知りたいと思います。逆に、その人のことを知れば知るほど、好きになるということもあるのだそうです。

お店の歴史を知れば知るほど、そのお店が身近に感じられる、好きになるということも、心の自然な動きなんですね。

ぜひ、お店の、料理の、スタッフの〝歴史〟をお客様に伝えていきましょう！

7章

こんなツールを作ってみよう！

① いつものダイレクトメールにひと工夫！
② ファサードだって“文章”が大事！
③「クーポンマガジン」はターゲットを絞り込む！
④ さりげなく「プロローグメニュー」でアピール！
⑤「ホームページ・メルマガ」――デジタルツールを活用しよう！

道行く人をお店の中に誘い込む方法があります。

少ない広告費で、たくさんのお客様に来てもらえる方法があります。

忙しいランチタイムでも、1皿1皿に込めたこだわりをちゃんと伝える方法があります。

あなたのお店や商品の魅力をお客様に伝えるため、こんな“ツール”を使ってみてはいかがでしょうか？

いつものダイレクトメールにひと工夫！

◎よくある間違いは、情報の詰め込みすぎ

お得意様にダイレクトメールを発送しているお店は少なくないでしょう。そして「どうすればもっと効果のあるダイレクトメールにすることができるだろう?」と悩んでいる方も少なくないでしょう。

とあるチョコレート店も、ダイレクトメールの反応が悪くなってきたことで悩んでいました。そこで、ダイレクトメールにいくつか〝工夫〟を施すことにしたのです。

これまでこのお店から送っていたのは、「情報てんこもり型」のダイレクトメール。新商品の紹介、セールのお知らせ、定番商品のお知らせなど、ありとあらゆる情報を封筒に詰め込んだものでした。

「誰がどの商品を気に入るかわからない。だからできるだけたくさんの商品情報を詰め込もう」、店長さんはそう考えていたのですが、これが実はまったくの〝逆効果〟。

情報をたくさん詰め込んだら、商品一つひとつへの注目度は自然と下がってしまいます。

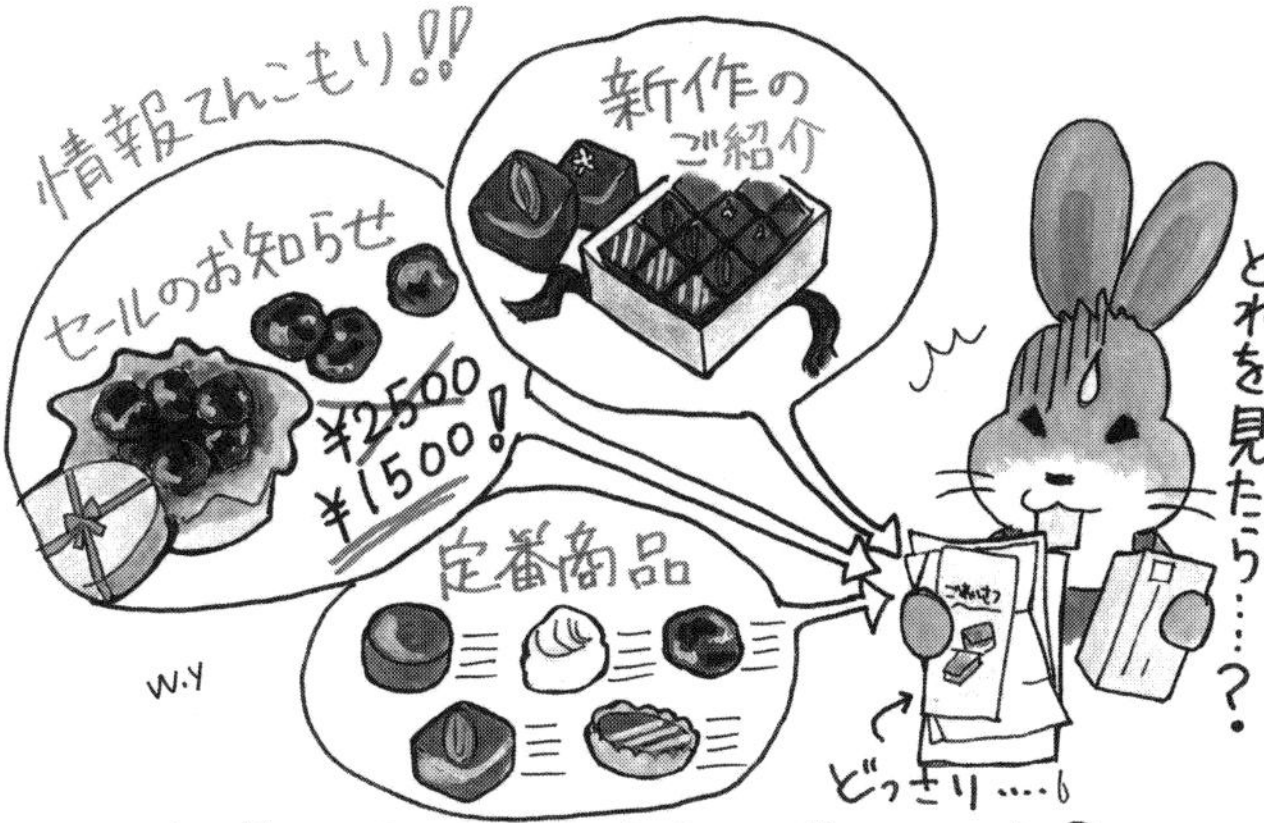
情報てんこもり!!
新作のご紹介
セールのお知らせ
¥2500
¥1500!
定番商品
どれを見たら…?
どっさり…
W.Y

お客様に見せたい情報を整理しよう!

売れているチョコも売れていないチョコも、自信作もそうでないものも同列に並べてしまうため、「売りたいチョコが目立たない」という結果になってしまっていたのです。

そこでこのお店では「今月のテーマ」を定め、そのテーマに合ったチョコレートだけを掲載するようにしました。

11月は「冬のチョコレート〜あたたかい紅茶に合うチョコレート」、12月は「クリスマスチョコレート〜恋人同士で、みんなで味わうチョコレート」というように季節に合わせた内容にしていったのです。

そうすることで、ダイレクトメールの雰囲気が変わりました。ただの広告でしかなかったダイレクトメールは楽しい読み物のようになったのです。

◎あいさつ状にもひと工夫

テーマの絞り込みによって、掲載する商品（チョコレート）も絞り込まれました。ありとあらゆるチョコレートを掲載していないので、一つひとつのチョコレートをじっくりと紹介できます。そのため、魅力が十分に伝わるようになりました。

「掲載する商品を少なくしたら、お客さんも少なくなるのでは……」

という店長さんの心配は杞憂に終わりました。

ダイレクトメールを出した翌日から、これまでにないほどのお客様が来店されたのです！

そしてお客様のほとんどが、ダイレクトメールで特集したチョコレートを買っていきました。テーマを絞り込んだダイレクトメールは大成功したのです。

このお店が行なった〝工夫〟は、それだけではありません。ダイレクトメールに同封する「あいさつ状」にもある工夫をしたのです。あいさつ状に施した工夫――それは、ダイレクトメールを送る相手に合わせた「オススメの言葉」を入れることでした。

店頭で接客をする時、お客様の性別や年代によって「オススメの言葉」は微妙に変わってきますよね。お客様が女性なら女性が興味を持つような話題から、お年寄りならお年寄りが興味を持つような話題から入ると、こちらの話を聞いてもらいやすいもの。

そんな〝接客の基本〟をダイレクトメールにも取り入れたのです。

たとえば、ＯＬさんに送るあいさつ状はこのような文面を入れました。

職場に持っていく〝おやつ〟、何にしようか悩みませんか？（笑）今回ご紹介する「紅茶に合うチョコレート」なら甘さ控えめ＆パッケージもオシャレ。オフィスおやつに最適です。ぜひ同封のチラシをご覧ください！

年配の男性や、主婦の方にはこのあいさつ文ではピンとこないでしょう。しかしＯＬさんならきっと興味が湧きますよね。

折り込みチラシと違って、相手をある程度選べるのがダイレクトメールのよいところ。

相手が興味を持ちそうなことをあいさつ状に書くことで精読率は上げられるのです！

職場に持っていく"おやつ"
何にしようか悩みませんか？
今回ご紹介するチョコレートは
オフィスおやつに最適です。
紅茶に合うチョコレート
ＯＬさん
あら！
いいかも…♡

相手に合わせた「オススメの言葉」をあいさつ状に！

◎封筒の外には〝中身〟を書く！

このチョコレート店は、ダイレクトメールの〝中身〟だけでなく、「封筒」にも工夫を施していました。

封筒で送るダイレクトメールは、「開封してもらう」のが第一関門。ここがなかなかの難関です。そこで〝開ける前から内容がわかる〟ように「今回のダイレクトメールの内容」を書いたラベルを作り、封筒に貼りつけるようにしたのです。

封書のダイレクトメールを開封せずに捨ててしまう方は少なくありません。ですが、差出人の名前すら確認せずに、届いた封書は全部捨ててしまうという方はほとんどいないでしょう。どんな人でも封筒の表面は見てくれる——そこを利用したのです。

ラベルに書く文章には、中を見てみたくなるよう、あえて〝謎〟を残したのです。

なぜか10月に入って突然売れはじめたチョコレートがあります。どうしてなんだろう? と店員一同、頭を悩ませていましたが、その理由がわかりました! 実はある芸能人の方が関係していたんです。その芸能人とは……(答えはこの中に!)

どうでしょう? 封筒を開けて中を見たくなってきませんか?

またある時は、こんな文面にしてみました。

売れ筋TOP3発表! 第3位は定番、ミルクココアチョコレート。甘さが男性にウケています! 第2位は新作、ホワイトベリーチョコ。現在、リピート注文が続々と入ってきています! そして、第1位は!……なんと意外なあのチョコでした。この時期にあまり売れないあのチョコが爆発的に売れたのにはある〝理由〟があったのです。(つづきはこの中に!)

こんなことが封筒の表面に書いてあったら、やっぱり中身を見たくなりますよね? 工夫次第であなたのダイレクトメールはもっともっと強力な武器になります! ぜひ、チャレンジしてみてください!

2 ファサードだって〝文章〟が大事！

◎店頭に置く、「文字のファサード」

「ウチはパスタのお店だから、緑と赤を使ってイタリアンっぽくしよう！」

「このお店は落ち着いた和の雰囲気を大事にしているから、シンプルな外観にしよう」

と、皆さん、お店の雰囲気に合わせた外観にしようと心がけているのではないでしょうか。外壁の色や置物などでお店の〝雰囲気〟をアピールするのはとても大切です。

でもファサードがアピールできるのは、それだけではありません！　そこに「文字でのアピール」を加えてみてはいかがでしょうか？　言ってみれば、「文字のファサード」。

たとえば、居酒屋やファーストフード店などで「黒板」や「ライティングボード」を店頭に出しているお店は少なくありません。「本日のオススメ」などが書いてあるそのボードは、

「お、そんなメニューがあるんだ。何だかおいしそうだな。よし、入ってみよう」

と、お客様をお店に誘うのに一役も二役も買っています。

「文字のファサード」の大切さは、ネットショップにも当てはまります。

ネットショップのファサードにあたるのは、「TOPページ」。お店に合ったカラーリングにしたり、狙った雰囲気に合った写真やイラストを配置することが大切です。

しかし、それだけではお客様にお店のよさがちゃんと伝わらないかもしれません。そこで、「文字でのアピール」が実店舗と同様に大切になってくるのです。

「このお店はこんな商品を売っています」、「このお店はココが他と違います」

そんな具体的なアピールを読むことで、お客様は「じゃあ、ココを見てみようかな」と思うわけですからね。

open
あら!
おいしそう…
入ってみようかなて。
道ゆく人が足を止める『文字のファサード』を作ろう!!

◎伝えるのは「今」、そして「スタッフのコメント」

では、「文字のファサード」には具体的に何を書けばいいのでしょうか？

集客に効果的なのは、「お店の〝今〟」を表わすメッセージです。

何週間も何ヶ月も変わらない内容が書かれているメッセージボードと、

○月×日のオススメ！　旬のサンマが入りました！　塩焼きでいかがですか？

と、「今のお店の一押し」が書かれているメッセージボード——あなたならどちらのお店に活気を感じますか？

お客様は空気のよどんだお店に入りたいとは思いません。できれば、新鮮な食材のある、活気のあるお店に入りたいと思っているでしょう。それを表わすために「文字のファサード」には、「お店の〝今〟」を書くといいのです。

コツは「日付」を入れること。日付をちゃんと入れることで、その情報が新しいことがお客様にもわかっていただけます。頻繁に更新しないと「日付」を入れることが逆効果になってしまいますから、きちんと更新し続けるためにも「日付」を書き入れておくとよいでしょう。

もう一つのコツは「〝事実〟に一つコメントを添える」こと。

「○月×日 旬のサンマが入りました」とこれだけでは、〝事実〟を書いただけです。それではお客様へのアピールとはなりません。〝事実〟を書いたら、「塩焼きでいかがですか?」といったようにお客様へのコメントを一つ添えておくと上手なアピールになります!

これはネットショップの「更新履歴」を書く時にも使えるワザです。「日付」を書いて、「○○が入荷しました」とだけ書いてオシマイでは、いまいちアピール力が足りません。「入荷しました」という〝事実〟に

今年の○○はおいしいですよ

と、スタッフが何か一言添えるだけでそれはお客様へのメッセージとなります!

◎〝相手〟を決めて〝メッセージ〟を書く！

ファサード（外観）は通りを歩く人の注目を集め、お店に誘導するという役割を持っています。これは「文字のファサード」も変わりません。

そこで大切になってくるのが「お客様への〝呼びかけ〟」を書くということです。

たとえば、風の寒い日におとうふ料理のお店でしたら、

○月×日　毎日寒いですね～。そろそろ鍋料理の恋しい季節です。土鍋で湯豆腐はいかがですか？　アツアツのおとうふで体がポカポカしますよ！

というような〝呼びかけ〟をしてみてはいかがでしょう。寒い思いをしている人なら、

温かそうな豆腐料理が恋しくなるのではないでしょうか?

コツは、呼びかける〝相手〟をちゃんと決めることです。

先ほどのおとうふ料理店のメッセージは、「寒いなぁと思っている人」に向けてのメッセージでした。それで「湯豆腐で体を温めませんか?」とアピールしているのです。

これが「お酒を飲みたいOLさん」に向けてのメッセージなら、内容は大きく変わってくるでしょう。


ワインに合う〝とうふ料理〟を揃えたコースができました。カロリーを気にせず、おいしくワインが飲める料理の数々。ぜひ、おたのしみください

というようなアピールするのがいいでしょう。

あなたのお店の前を通る人は、どのような人たちでしょうか?

その人たちは、どのようなことを感じ、考え、その道を通っているのでしょうか?

それを想像し、その方たちの望みに合うような「メッセージ」を書いてみてください。

そうすれば、彼らは立ち止まり、あなたの書いた文章を読んでくれるはず。

外観の〝雰囲気〟だけでは伝えきれないこともありますよね。

そんな時は、ぜひ「文字のファサード」を活用してみてください!

3 「クーポンマガジン」はターゲットを絞り込む！

◎他店と同じことを書いていては、埋もれてしまう……

たくさんのお客様にお店に来ていただけるキッカケとなる「クーポンマガジン」。ですが、とても短い文章や、数少ない写真でお店をアピールしなければなりません。

あなたもクーポンマガジンやイエローページ（電話帳）のような〝小さな広告欄〟に載せる文章で悩んだことはありませんか？

紙面が小さく、文字数にも制限があり、載せられる写真の数や大きさにも限界があります。でも、お店のウリになることはできるだけたくさん載せたい……そのような条件の中でうまくまとめようとすると、どうしても「お料理もお酒もおいしいお店です。パーティーもできます」というような、〝漠然とした紹介文〟になってしまいがちなのです。このような文章、クーポンマガジンでよく見かけますよね。

どこのお店もそれぞれ小さなスペースを駆使し、自分のお店がどんな所かを賢明にアピールしています。

しかし、何とかうまく小さなスペースにまとめようとする意識があだとなってしまい、つい他のお店と似通った表現になってしまうこともしばしば。

「文章の参考にしよう」などと、他店の上手な表現を見つけたら、それをそのままマネしてしまうようなこともあります。実はそれが致命的なミスだということも、その時には気づきません。

クーポンマガジンの特徴は、たくさんのお店が集まっているということ。多くの同業他社の中から自分の所を選んでもらわなくてはなりません。それなのに他店と同じようなことを書いていては、お客様の目に留まることすら難しくなってしまうのです。

クーポンマガジンの"広告内容"って悩みますよね….

◎だれでもいい→こんな人に！

そこで、こんな〝書き方〟はいかがでしょう。「ターゲットを絞り込んで、その方たち〝だけ〟に呼びかける」のです。

ある定食屋さんがクーポンマガジンに載せた紹介文はこのようなターゲットに向けられていました。

時間のないビジネスマンのために、すぐにお出しできるメニューを揃えています

この定食屋さんでは、時間のないサラリーマンのことを考え、注文を受けてすぐに出せるように調理を済ませた料理を用意しているのです。

忙しい時にいつもファーストフードで済ませているサラリーマンの方、きっとたくさん

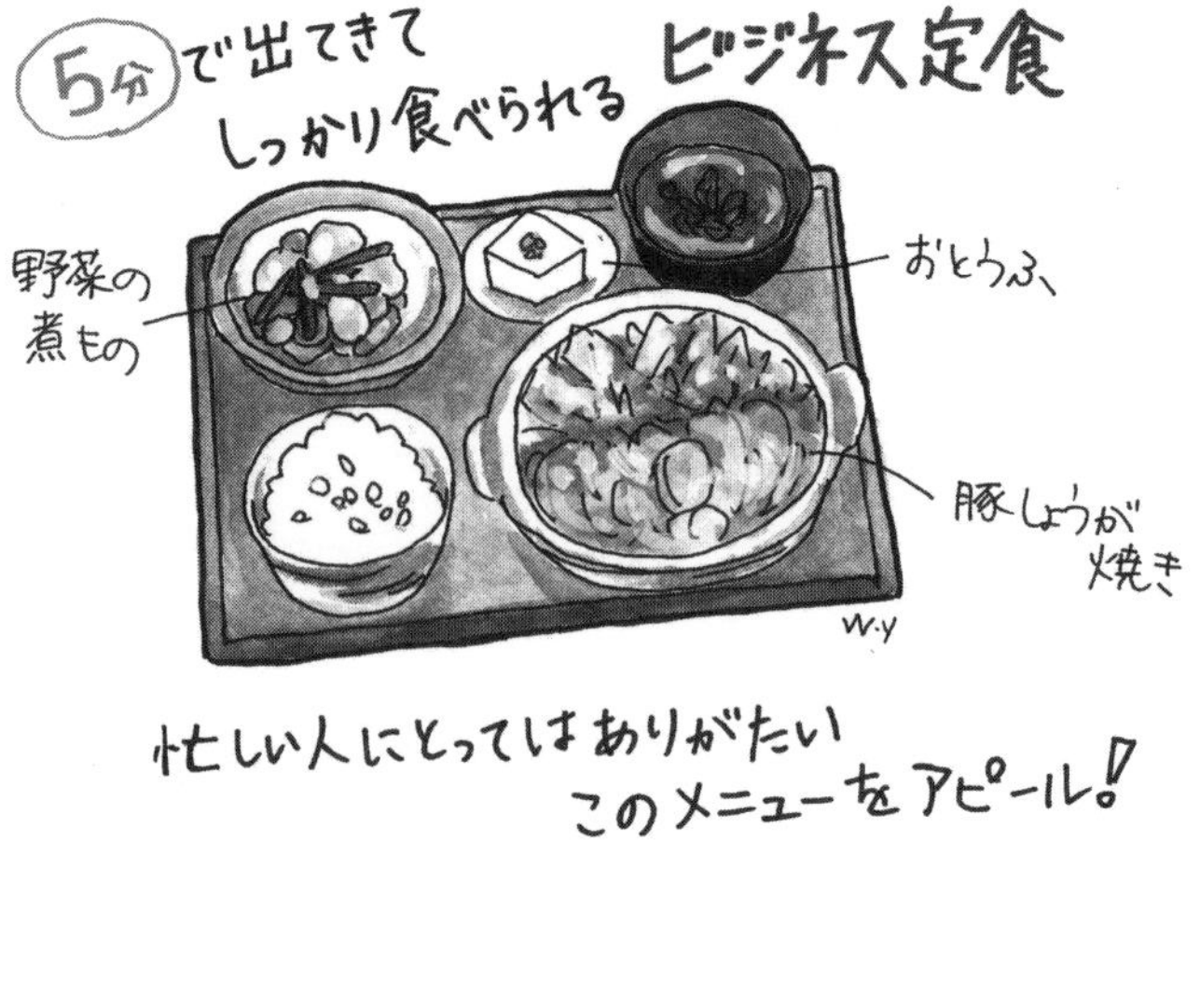

5分で出てきて
しっかり食べられる
ビジネス定食
野菜の煮もの
おとうふ
豚しょうが焼き
W.Y
忙しい人にとってはありがたい
このメニューをアピール！

いますよね。そんな方たちがこの広告を見たら、「よし、時間のないときはこの店で決まりだな！」と思うに違いありません。

このお店は、「忙しいビジネスマン」をピンポイントで狙いました。このように届ける相手がちゃんと決まっているメッセージは、そのアピール力が何倍にも増します。

誰でもいいから来てほしいと不特定多数を狙ったとしたら、「ランチメニューが充実しています」、「定食がおいしいと評判です」というような漠然としたアピール文になってしまっていたでしょう。これでは、残念ながら他店に対する競争力は生まれません。「似たようなお店」の一つとされてしまっていたでしょう。お客様が来店してくれる可能性は低くなってしまうと言わざるを得ません。

数多くのライバル店が一堂に会するクーポンマガジンだからこそ、〝他店とどう違うのか〟をお客様にわかっていただくことが最も大切です。その時、すべてのお客様に向けてアピールをしようとすると、どうしても当り障りのない表現になってしまいがち。それで結局、誰の目にも留まらないのでは元も子もありません。

漠然と不特定多数の人に「うちのお店はいいですよ！」と言うよりも、このように「こんなアナタに最適なお店ですよ！」と言ったほうが、その魅力が断然伝わりやすいのです！

◎「誰が読むか？」を考えてターゲットを絞り込む！

この定食屋さんでは、他の層に向けた広告も出しています。

一人暮らしの皆さん、夕食はちゃんと食べていますか？

この定食屋さんの夕食は、栄養バランスを考えて作られた野菜の小鉢や、一人暮らしではなかなか作ることのできない魚の煮物などが揃っているのがポイント。一人暮らしで、きちんとした夕食を摂ることが難しい方にとっては、とってもありがたいお店ですよね。「この店に寄れば、毎日ちゃんとした夕食が食べられるな」と思う人も少なくないでしょう。

このパターンの広告を載せたのは、主にオフィスに配られている情報誌（ミニコミ紙）。メインのターゲットは、若いビジネスマンやＯＬさんです。一人暮らしの人が読んでいる可能性が高いことを見込んで、「一人暮らしの皆さん」と呼びかけたというわけです。

世の中のすべての人に効果的な言葉というものは、残念ながらありません。でも、呼びかける相手を絞り込めば、その人たちが興味を持つ話題、その人たちが悩んでいることの解決策など、その相手に効果的な言葉や話題を選ぶことは可能です。

少ない情報しか載せられないクーポンマガジンでは、すべての人に向けたメッセージを載せるには紙面が小さすぎます。

しかし、相手を絞り込むことによって書く内容も絞り込まれ、小さな紙面でもその効果が十分発揮できるようになるというわけです。

できるだけ幅広い層を狙って広告をして、そのすべてが来店してくれればそんなによいことはありません。しかし、現実には幅広い層を狙ってしまうと、誰の目にも留まらないという結果になりがちです。

ポイントは、「不特定多数を狙わず、ターゲットを絞り込むこと!」。

小さな紙面を、その狙ったターゲットにだけ向けて活用することで、思った以上の効果が現われます!「うちの店では、どんなお客様に、どんなことができるのだろう?」と考えていくことでお店を見直す機会にもつながるのではないでしょうか?

さりげなく「プロローグメニュー」でアピール！

4

◎こだわりを伝えたい！　こだわりを伝えてほしい！

産地や生産者まで厳選した素材を使っている。

他の店にはない、独特の調理法で作っている。

あなたのお店にも、そのような「自慢できる点」があるのではないでしょうか？

しかし、そのようなこだわりをちゃんとお客様にアピールするのとしないのとでは、反応はまったく違ってきます。厳選された食材を使っていても、こだわりの調理法があっても、それを知らないお客様は、そのおいしさや価値に気づかないかもしれません。

一皿の料理に込められたこだわりをじっくり説明できる時間が取れればいいのですが、普通のレストランなどでは、お客様と直接、接していられる時間はほんのわずかですよね。注目してほしいポイントを伝えるのに決して十分とは言えません。

また、店長さんの中には「あまり自慢はしたくない」、「お客様のおしゃべりの邪魔をしたくない」と思う方もいらっしゃるでしょう。

忙しいランチタイムでも、お客様に
一皿一皿のこだわりをちゃんと伝えたい…
12:00
わわっ！
W.Y

でも、せっかく苦労してその料理を作っているのですから、料理に込めたこだわりはお客様に伝えたいですよね？　お客様の中にも、どのようなところを味わったらいいのか教えてほしいというニーズは確実に存在します。

あるイタリアンレストランでも、お皿に込めたお店のこだわりをどうやってお客様に伝えようかと悩んでいました。このお店は地元の食材を使ったコースメニューがウリのイタリアンレストラン。シェフのこだわりがたくさん詰まったコース料理が自慢です。

コースの一皿一皿にシェフのこだわりがあるのですが、ランチタイムの忙しさの中ではそれらを説明する時間がなかなか取れずにいました。そこで、ある一つの「おいしさ表現ツール」を開発したのです！

◎料理を味わう前の〝プロローグ〟

「十分な時間はない。でも、自分たちのこだわりをお客様にわかってもらいたい」

そう思ったお店のスタッフは、コース料理を運ぶ前、お客様のお手元に〝ある紙〟を置くようにしたのです。その紙には、コースに含まれるメニューと、その料理に込められたこだわりが書かれていました。

★カボチャの冷たいポタージュスープ･･･甘みとコクの強い〝えびす南瓜〟と、豆乳を合わせてみました。不思議なクリーミーさをもった一品に仕上がっております

★渡り蟹のリングイネ･･･贅沢に2杯の渡り蟹を使って、コクのある一皿に仕上げました。他では味わえないコクをお楽しみください

このシートは、「プロローグメニュー」と名づけられました。料理が出てくるのを楽しみにさせる、プロローグの役目をするメニューというわけです。

お芝居や映画を見に行くときに、事前に「あらすじ」を読むことがありますよね。事前にどんな話なのかを知っておくことで、お話に興味が湧いたり、ストーリーの理解が深まったりします。それと同じ効果を「プロローグメニュー」はもたらすのです。

料理に込められたこだわりを先に知っておくことで、お客様は料理をより深く楽しんで、よりおいしく味わうことができるというわけですね。

お客様が料理を注文した後、テーブルの端にさりげなく置かれるこのメニュー。料理が出てくる間、お客様の目は自然とそこに行くことでしょう。そして、そこに書かれたこだわりに目を通すことになります。これならお客様に直接、料理の説明をするタイミングがなくても、お店のこだわりをわかってもらうことができますね。

実際、「プロローグメニュー」を置くようになってから、お客様が明らかに次の一皿を楽しみにしている様子が伺えるようになってきたのです。

パスタランチA
◆取れたて野菜サラダ
◆カボチャの冷たいポタージュ
◆渡りガニのリングイネ
◆季節のデザート
W.y
食事のジャマにならず見てもらえる位置に。
小さめの紙でさりげなくアピール

◎こだわりを伝えることがよい方向に！

そしてもう一つ、以前と変わったことがありました。

それは、接客を担当するスタッフの意識。プロローグメニューを見れば、その料理にシェフがどれだけ情熱を込めているのかがわかります。その結果、自然と「このこだわりをちゃんとお客様に伝えたい！」という意識が各スタッフに芽生えることとなったのです。プロローグメニューをじっくり読んでいるお客様がいたら、積極的に料理の説明をする、そんなスタッフが増えたのです。

お客様とコミュニケーションが取れるお店が繁盛しないわけがありません。この店はプロローグメニューを取り入れるようになってから、さらなる繁盛店となっていきました。

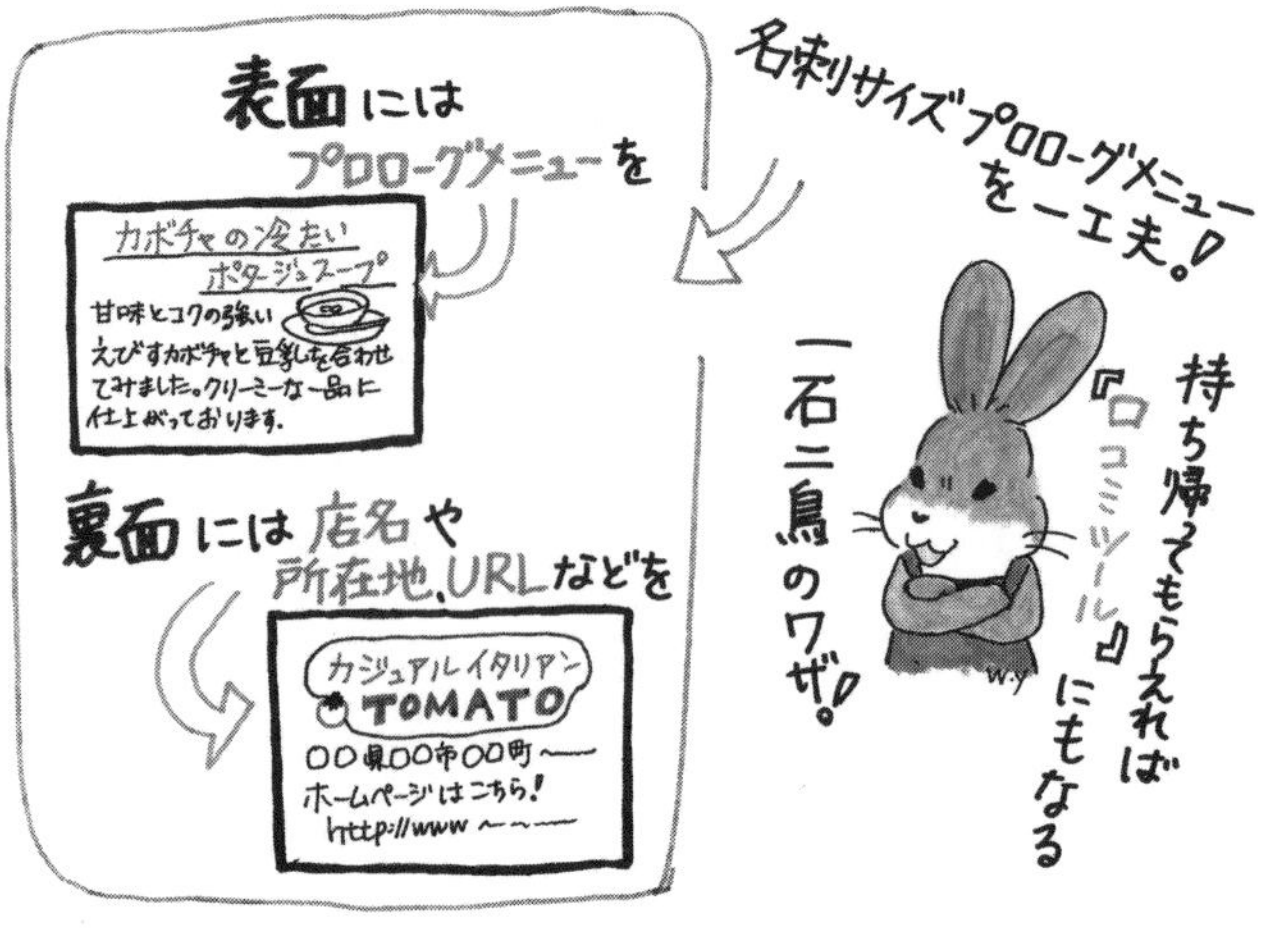
名刺サイズプロローグメニューを一工夫！
表面には
プロローグメニューを
カボチャの冷たいポタージュスープ
甘味とコクの強いえびすカボチャと豆乳を合わせてみました。クリーミーな一品に仕上がっております。
裏面には店名や所在地、URLなどを
カジュアルイタリアン
TOMATO
○○県○○市○○町～
ホームページはこちら！
http://www ～～
持ち帰ってもらえれば『口コミツール』にもなる
一石二鳥のワザ！

プロローグメニューは、コースメニューのないお店でだってちゃんと使えます。

特にこだわりのある一品にプロローグメニューをつけてみてはいかがでしょうか。

素材や調理法、その料理が完成するまでの苦労話など、その一皿に込められた想いやこだわり——それらを書いた紙をお客様に渡すようにすればいいのです。

あるお店では、名刺サイズの紙をプロローグメニューとして活用しています。お客様が料理を注文された後、料理に合わせた食器（フォークやスプーン）を運びますよね。その時、お客様が選んだ料理のプロローグメニューをそっとテーブルに置いていくのです。

自分が注文した料理がどんなこだわりをもって作られているのか、それが気にならないお客様はいらっしゃらないでしょう。

料理が出てくるまでの数分間、お客様はそのカードに書かれた料理人の〝想い〟を知ることになります。そして、その後に出される料理をより深く理解して、味わっていただくことができるのです。

お客様にあなたのお店の料理をもっともっと楽しんでもらえる「プロローグメニュー」。おいしい料理を出しているあなたのお店でも使ってみませんか？

「ホームページ・メルマガ」――デジタルツールを活用しよう！

5

◎失敗したくないから、情報が欲しい！

「あのお店、行ったことある？　どうだった？」

そんなふうに、周りの人にレストランの評判を聞いたことはありませんか？

誰だっておいしくないレストランに行きたいとは思いませんよね。だから、友達や仕事仲間など周りの人に「あのお店、どう？」と聞いて、事前に情報を集めたがるのです。

インターネットが発達したことで、「失敗したくない！」と思ったお客様は、お店のホームページをチェックしてから、食べに行くお店を決定するようになってきました。お店の雰囲気、メニュー、値段……それらを知った上で行くかどうかを決めているのです。

厳しいことを言えば、インターネットでレストランを探す人にとって、お店のホームページがないということは、そのお店が存在していないのも同じ。お店の看板と同じくらい、ホームページは重要なものになっているのです。

しかし「とにかく形だけでも！」と、深く考えずにホームページを作ってしまうと……

それが逆効果になってしまうことも。

よくあるのが「出前のメニュー型ホームページ」。メニューと営業時間、そして住所と電話番号程度しか載せていないホームページでは、お客様は逆に不安になってしまいます。

ホームページの利点は、この二つ。

①多くの情報を載せることができる――こだわりをじっくり語ることができる

②いつでも情報を更新できる――〝旬〟の情報を伝え、「今、行きたい」と思わせる

チラシや電話帳には載せられないような長い文章でも、ホームページなら載せることができます。カラー写真や動画などで効果的なアピールをすることも可能です。

お店の魅力をちゃんと伝えるため、ホームページをちゃんと作り込んでみませんか？

忙しいランチタイムでも、お客様に
一皿一皿のこだわりをちゃんと伝えたい…
12:00
わわっ！
W.Y

◎メールマガジンは、商品を広告するためのもの？

ホームページを作っただけでは、お客様に見てもらうことができないかもしれません。それは飲食店だけではなく、食材を扱っているネットショップでも同じです。

ある紅茶の専門店では、ネットショップにお客様を誘導するためにメールマガジンを発行しています。

メールマガジンを書くのがはじめてだった店長さんは、何を書いたらいいのかわからず、とりあえずお店の新商品や目玉商品を数多く載せるようにしました。

メールマガジンに載せた商品は、いくつか売れていきます。だから店長さんはこれで正しいのだと思い込んでいました。

紅茶に合うお菓子のレシピをメールマガジンで配信！

しかし……だんだんメールマガジンの反応率は落ちてきてしまいました。メールマガジンを発行しても、ネットショップに来てくれる人は少なく、これまでのように商品が売れることも少なくなってしまったのです。

たまたま常連さんとお話しした際、店長さんはその理由に気がつきました。お店から出しているメールマガジンが、お客様にはただの「広告メール」だと思われていたのです。読み返してみると、たしかに商品の広告しか載っていないメールマガジンでした。

「よい商品だから紹介したい」と思って書いていたのですが、その気持ちがお客様には伝わっていなかったのです。

店長さんはメールマガジンの配信を一時中断し、〝読み物〟として読んで楽しいメールマガジンに刷新することにしました。

新しいメールマガジンには、「紅茶に合うお菓子のレシピ」をメインとして載せることにしました。毎週一つの紅茶を取り上げ、その紅茶に合うようなお菓子を店員さんが手作りする様子を描いたのです。

これまでのように商品名を載せればいいだけとは違いますから、時間はかかりました。しかし、それに見合った面白さのメールマガジンになったのです。

このようなメールマガジンにした結果……

◎読みたくなるメルマガ、読みたくなるホームページ

ネットショップへの来客数は飛躍的に伸び……はしませんでした。以前までのメールマガジンとさほど変わらない来客数でしかなかったのです。

しかし、その本当の効果はじわじわと現われました。「楽しみに読んでいます」、「毎週、このメルマガが届くのが楽しみです」というお客様からのお便りが来るようになったのです。商品をただ並べただけのメールマガジンを出していた頃にはなかった反応でした。

お客様の信頼を得たメールマガジンは、クチコミが広がるキッカケにもなりました。メールマガジンを気に入ってくれたお客様がお友達に紹介してくれるようになったのです。

広告しか載っていないメールマガジンでは、このようなクチコミは考えられませんでした。お友達に広告メールを転送したいという人はいないのでしょう。しかしこのような読み物として面白いメールマガジンであれば、「ちょっといいメルマガ、見つけました」と紹介しやすいですよね。

この紅茶専門店では、もう一つメールマガジンに工夫をしました。ホームページと合わせて一つの読み物となるようにしたのです。メールマガジンを読んで紅茶に興味を持ってくれたお客様ならば、ホームページも読んでくれるでしょう。しかし、そこにカタい商品紹介文しか載っていなかったら……。

いきなり営業トークをはじめてしまったようで、あまり印象がよくありませんよね。

そこでお店では、メールマガジンの〝つづき〟をネットショップで見てもらうような形にしました。メールマガジンでは、紅茶に合うお菓子の完成写真をあえて載せず、「このお菓子がどんなふうにできあがったのか、こちらのページでご確認ください！」と、ホームページに誘うようにしたのです。

この試みは大成功し、ホームページへの来客数は大幅に増加しました。ホームページを見てくれたお客様が紅茶に興味を持つことも多く、結果的に売上アップにもつながったのです。あなたのお店でも、広告だけじゃないメールマガジンを出してみてはいかがでしょうか？

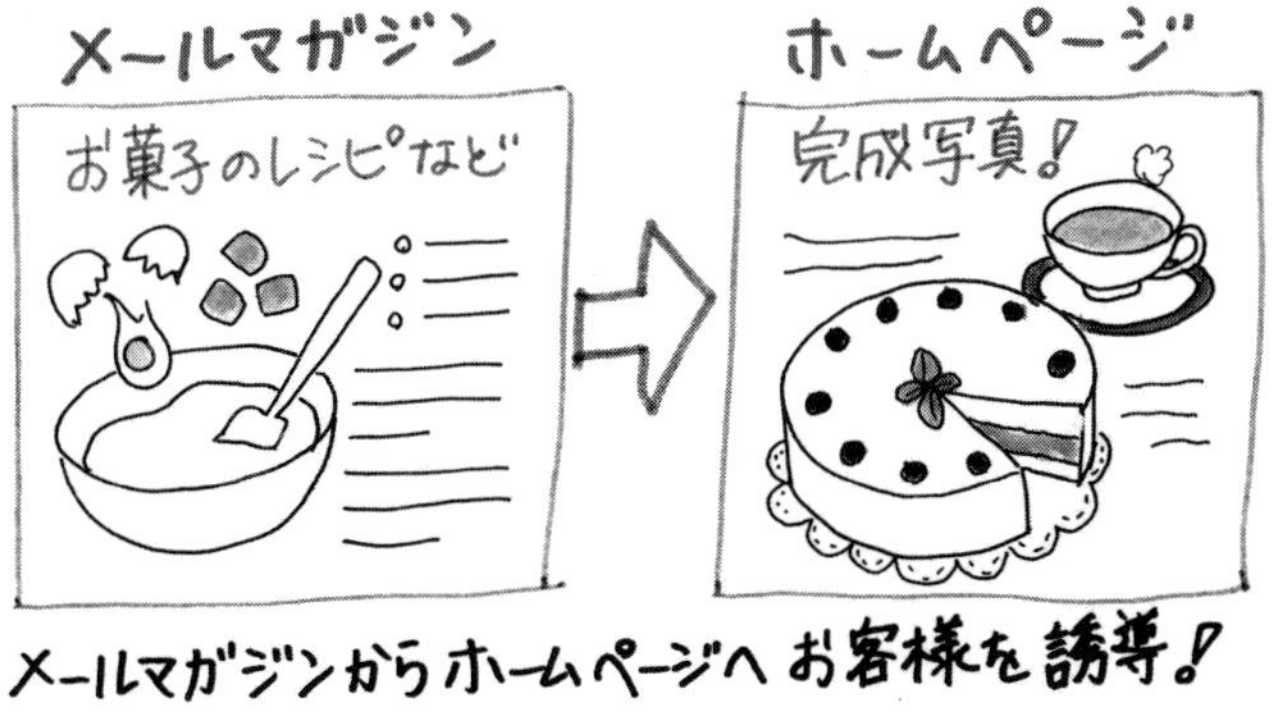
メールマガジン
お菓子のレシピなど
ホームページ
完成写真！
メールマガジンからホームページへお客様を誘導！

	“おいしさ”を伝える「ことば」例	ポイント
3章4	「おせんべいのような香ばしさのある“ごはん”をお出しします」	“想像できる香り”をアピールする
3章5	「ジュワー」	作る時、食べる時の“音”を描くと柔らかい雰囲気になる
3章6	「流雲とうふ……スプーンで食べる“トロトロとうふ”。にがりで固めすぎていないから、豆本来の甘さがよくわかる豆腐です」	食感を表わす“擬音”を使うと、食べ物をイメージしてもらいやすい
4章1	「当店自慢のデミグラスソースは牛すじ肉とたっぷりの野菜を使い、1週間かけて煮込んでいます！」	作る時のテマヒマを具体的に伝えると、商品の価値が上がる
4章2	6時間つきっきりでアクを取り除く作業をする	家庭では面倒な調理工程を表現すると“プロらしさ”が伝わる
4章3	「非常に入手困難な鴨肉です。普通の鴨肉よりも野性味のある味わいが人気の理由」	“こだわりの素材”をアピールするには、普通のモノと比較
4章4	「添加物などを使っていませんので、妊婦さんの体にやさしいケーキです」	「安心・安全」だから、誰にどんな利点があるかを伝える
5章1	「このアジの干物を気に入っていただけたのでしたら、こちらの干物もきっとお気に召していただけると思います」	お買上げ商品に「似たモノ」を紹介して“ついで買い”を誘う
5章2	「常連さんのみ入室可！　この冬限定の新商品をいち早くご賞味ください！」	「新規客」「リピーター」それぞれに適した言葉を伝える
5章3	「大勢集まったら、鍋料理！　ちょっと豪華にカニ鍋はいかが？　大きなたらばがにを前に、家族全員が集まる食卓。一番おいしいところをみんなで取り合ったりして」	どんな人とどんなシチュエーションで食べる料理・商品なのか、に合わせてアピールする
5章4	「会社で待っているＯＬさんが喜ぶお菓子はコレです！」	買う人と食べる人が違う商品は、食べる人を主役にアピール

付録 “おいしさ”を伝えることば集

	“おいしさ”を伝える「ことば」例	ポイント
1章1	「ビールに合うカレーの店」	自分のお店のアピールポイントを明確にする
1章2	「宴会が得意な居酒屋です」	自分のお店のターゲットを明確にする
1章3	「ミュンヘナーソーセージ50グラム×4本入り（1～2人前）」	お客様の視点に合わせた言葉を使う
1章4	「100キロカロリーずつの小分けになっているのでカロリー計算がラクラク！　ダイエット中の主人の食事づくりにとっても重宝しています！」	お客様が食べる“シーン”を描く
2章1	お店の売れ筋トップ3／スタッフのおすすめトップ3	お客様が商品を選ぶヒントを書く
2章2	「新作のチョコレートスフレです。本場ベルギーのチョコレートを使って、香ばしく仕上げてあります。この“香り”を味わってみてください」	“味わう”ポイントを教えてあげる
2章3	「おいしい京都の漬物に合うように作った、“お茶漬け用のお茶”です」	“有名な商品に合う商品”として、高品質をアピールする
2章4	「それ、ウチではお父さんのお酒のつまみに出しているのよ！　フライパンでサッと焼くと香ばしくなってビールに合うの」	お客様と同じ立場になる“おばちゃんトーク”で壁を取り除く
2章5	「早く煮えて、肉厚でやわらかく、煮物に適した昆布です。ダシもしっかり出るので深みのある上品な味の煮物ができます」	「素材」は、料理後の「完成品」を見せるとお客様はイメージしやすい
3章1	「スープにトマトジュースを使った、鮮やかな赤が印象的なミネストローネです。パンチの効いたガーリックの香りが食欲をそそります」	見た目、食べる時・作る時の音、香り、食感、味と、五感に分けて表現すると伝わりやすい
3章2	「フルーティーで爽やかな酸味。クリームチーズと相性のいい白ワイン」	「○○と合う味」なら、ありきたりな表現になりにくい
3章3	「あんこ好きにはたまらない！　粒あんがたっぷりのお饅頭です」	“見えない”部分に特長があれば、中を見せてアピール

著者略歴

山佳若菜（やまよし わかな）

絵説《かいせつ》マーケター、文章作成講座「ことのは塾」ごはん部 部長。

2003年よりレストランや産直ネットショップなど、食に関わるお店のチラシやPOP、ホームページ等の効果的な書き方を指導。

自ら飲食店で働いた経験とマーケティングの知識を融合した、すぐに使える実践的な手法は、わかりやすい絵とともに好評を得ている。

社長、店長はもちろん、パート・アルバイトさんにも活用してもらえるマーケティングを目指し、情報収集・情報発信に励んでいる。

◆ 文章作成講座 ～「ことのは塾」ウェブサイト
http://www.b-side-live.com/
◆ メールアドレス
gohan@b-side-live.com

飲食店・ネットショップのための
“おいしさ”を伝えることば塾

平成19年6月12日　初版発行

著　者——山佳若菜
発行者——中島治久

発行所——同文舘出版株式会社
東京都千代田区神田神保町1-41　〒101-0051
電話　営業03（3294）1801　編集03（3294）1803
振替00100-8-42935

ISBN978-4-495-57601-1
印刷／製本：三美印刷　Printed in Japan 2007